JN023510

会社の数字から
儲かる仕組みまで
いっきにわかる

決算書 × ビジネスモデル大全

矢部謙介

東洋経済新報社

はじめに

数字だけでは決算書は読み解けない

「決算書の勉強をしているのですが、なかなか実際の決算書を読めるようになりません。どうしたら良いですか？」

最近、こんな質問をいただくことがあります。なぜ、決算書の勉強をしているのに、決算書を読むことができるようにならないのでしょうか？

その理由は、**決算書の数字だけを見ていても、その内容を読み解くことはできない**からです。これは、実際の経営において決算書がどのように使われているのかを考えてみると、よくわかります。

決算書は、いわば会社にとっての「通知表」のようなものです。下の図に示すように、**経営者は、決算書を見ることで自分たちのビジネスが成果を生み出しているかどうかを把握しています**。また、こうした**決算書のデータから、経営上の問題点などを分析し、次の打ち手やビジネスモデルを考えるために活用しています**。

経営者は決算書をどのように使っているのか？

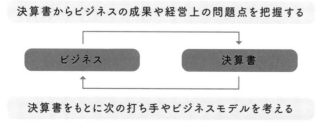

決算書からビジネスの成果や経営上の問題点を把握する

ビジネス　　　決算書

決算書をもとに次の打ち手やビジネスモデルを考える

つまり、**決算書とビジネスはそれぞれが独立して存在しているのではなく、相互に結びついている**と考えるべきです。経営の結果は決算書へと反映され、決算書を見た経営者はそれをもとに次の手を考えているわけです。

　ですから、決算書の数字だけを見ていてもその意味をつかむことはできません。**決算書を読み解くためには、その会社が手掛けているビジネスそのものに対する理解が必要不可欠**なのです。

「決算書×ビジネスモデル」の視点が重要

　それでは、その会社のビジネスを理解しつつ決算書を読むためにはどうすれば良いのでしょうか？

　私自身が決算書を見る際に気をつけていることがあります。それは**「その会社のビジネスモデルに対する仮説を立てながら決算書を読む」**ということです。

　例えば、下のようなケースを考えてみましょう。

> 　ドラッグストアの貸借対照表（B／S）を見ていたところ、資産として売掛金（売上代金の未回収分）が計上されていない会社（A社）と計上されている会社（B社）がありました。違いが生まれている理由は何でしょうか？

　小売業では、売掛金はほとんど計上されていないか、少ないことが普通です。現金販売であれば売上高を計上すると同時に売上代金が回収されるからです。最近では、入金までの時間を必要とするキャッシュレス

決済の比率も上昇していますが、それでも企業対企業（B to B）の取引を主体とした企業に比べれば、売掛金は少なくなる傾向があります。

　そう考えると、売掛金を計上していなかったA社に対しては、「すべて現金取引で、キャッシュレス決済を行っていないのではないか？」という仮説を立てることができます。

　一方のB社に対しては「キャッシュレス決済を行っているからでは？」という、対になる仮説が立てられるのですが、じつはこのケースではそれ以外に「調剤薬局を持っているのではないか？」という仮説も立てられます。市販の医薬品とは違って、調剤薬品の売上代金は患者の自己負担分と健康保険組合からの支払分に分かれます。このうち、健康保険組合からの支払いは販売してから3カ月程度の期間を要するため、調剤薬局を持つドラッグストアでは売掛金の金額が大きくなる傾向があるのです。

　このように、**決算書を読み解く上では、ビジネスモデルに対する仮説を立てながら読む「決算書×ビジネスモデル」の視点を持つことが重要**です。

　そこで本書では、そのケースを読み解く上で重要な数字の変化やビジネスモデルの違いなどをグラフや図解として各ケースの冒頭に配置し、そこから各社に何が起こったのか、決算書にどのような違いが生まれるのかを考えてもらえるように工夫しています。

図解することで一気にたくさんの決算書を読み込める

　そして、決算書を読み解けるようになる上でもうひとつ重要なのは、

決算書を読む「場数」を踏むことです。**数多くの決算書を読み込むことで、決算書を読み解く上での勘所をつかむことができる**のです。

しかしながら、たくさんの場数を踏むためには、どうしても時間が必要となります。そこで本書では、取り上げるすべての決算書を「比例縮尺図」やグラフとして図解することで、**短時間に、そして視覚的に決算書のデータを読み込むことができる**ようにしました。

また、本書では40社以上のケースを取り上げていますので、数多くの会社の決算書を一気に読む経験を積むことができます。

本書の構成

本書では、様々なビジネスモデルとのつながりを意識しながら決算書を読んでもらうために、取り上げる会社の取り組みを類型化して各章を構成しています。

Chapter 1では、手始めとしてビジネスモデルと結びつけて決算書を読む方法を解説します。具体的には、貸借対照表（B／S）、損益計算書（P／L）、キャッシュ・フロー計算書（CF計算書）の構造に触れた上で、飲料メーカーや住宅メーカー、外食などの**ビジネスモデルの違いが決算書にどのように反映されるのか**を見ていきます。また、M&A（企業の合併・買収）などの投資がCF計算書に与える影響と注意すべきポイントについても説明します。

Chapter 2では、儲かる仕組みと決算書の関係に着目します。ドラッグストアや100円ショップは**どのようにして儲かる仕組みを作っているのか**。そして、その仕組みは決算書にどう反映されているのか。また、

一見似たような事業構造に見えるITベンダーのビジネスモデルと利益の出し方の違いなどにも焦点を当てていきます。

Chapter 3で取り上げるのは、グローバル経営を推し進める会社の決算書です。国際分業を進めた中外製薬や、M&Aで海外事業を拡大するアサヒグループホールディングスなどの決算書がどうなっているのかを読み解くとともに、事業のグローバル化がもたらす地政学的リスクの影響についても見ていきましょう。

Chapter 4では、経営改革と決算書の関係を読み解いていきます。**数十年に一度の大きな環境変化にさらされたとき、会社はビジネスモデルを大きく変えなければなりません。**そんなとき、経営者は自社の経営に対してどんな手を打ち、それは決算書にどのように影響するのか。富士フイルム、日立製作所、ルネサス エレクトロニクスなどの事例からひもときます。

Chapter 5でフォーカスを当てるのは、倒産企業や粉飾決算を行った会社の決算書です。世界でもトップクラスのシェアを誇った自動車部品メーカーのタカタや、老舗アパレル企業のレナウンなどはなぜ倒産してしまったのか。そして、粉飾決算を決算書から見抜くことはできるのか。こうした企業の事例では、CF計算書の読み解き方が重要になってきますので、そうした点についても詳しく解説します。

それでは、様々な会社のケースを通じて、「決算書×ビジネスモデル」の視点を身につけていきましょう。

Chapter 1 | ビジネスモデルと結びつける決算書の読み方

※　本書では、数多くの会社の決算書の概要を比較しながら見ていくことを主眼としていますので、決算書の細かい金額にとらわれることがないように、あえて丸めた数字（概数）を使用しています。

　また、日本基準、IFRS（国際財務報告基準）、米国会計基準といった異なる会計基準を採用する会社同士を比較することがあります。そのような場合、厳密性よりも比較しやすさを重視する観点から、本質を損なわない範囲内で、財務諸表の科目名・区分・並び順などを変更していることがあります。

　なお、基本的に連結財務諸表（その会社のグループ全体の財務諸表）を使用していますが、連結財務諸表を作成・開示していない場合には、個別財務諸表（その会社のみの財務諸表）を使用しています。

※　「比例縮尺図」は、山根節著『ビジネス・アカウンティング——MBAの会計管理』（中央経済社、2001年）が初出であり、本書ではそれを参考にアレンジした比例縮尺図を使用しています。

※　各社の数値は断りのない限り有価証券報告書などの開示資料にもとづいています。また、時系列財務データの一部は日経NEEDS-Financial QUESTより取得したものを使用しています。

※　本書の内容は基本的に2023年3月現在の法令や情勢などにもとづいています。

※　本書に記載されている社名、ブランド名、商品名、サービス名などは各社の商標または登録商標です。本文中に©、®、TMは明記していません。

Chapter

1

ビジネスモデルと結びつける決算書の読み方

1

貸借対照表（B／S）の読み方

B／Sから
ビジネスモデルの違いが読み解ける

　企業の基本財務諸表（決算書）には、貸借対照表（B／S）、損益計算書（P／L）、キャッシュ・フロー計算書（CF計算書）の3つがあります。

　また、財務諸表には単体の企業だけで作成される「個別」（単体や単独とも呼ばれます）の財務諸表と、企業グループ全体で作成される「連結」の財務諸表がありますが、本書では特に断りのない限り連結財務諸表を取り上げます。

　それでは、まず1つ目の財務諸表として貸借対照表を取り上げて説明しましょう。貸借対照表は、**Balance Sheet**（バランスシート）の頭文字を取ってB／Sとも呼ばれます。

　B／Sは後ほど取り上げるP／Lに比べるととっつきにくいと感じる人が多いのですが、**B／SにはP／L以上にその企業のビジネスモデルや戦略が表れます**。ここでは、B／Sの基本構造を理解し、苦手意識をなくしておきましょう。

B／Sの基本構造

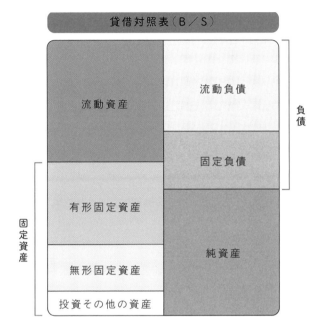

上の図は、B／Sの基本構造を図解したものです。B／Sは大きく左側（資産サイド）と右側（負債・純資産サイド）に分けることができます。

B／Sの右側には、会社がどのようにして資金を集めてきたのかが書かれています。 ここは、銀行からの借入金などの負債（いずれ返済や支払いが必要になるもの）と純資産に分かれています。純資産は株主に帰属する資本であり、返済の必要はありません。

負債は、さらに流動負債と固定負債に分けて記載されています。流動負債は、短期（多くの場合1年以内）での支払いや返済が必要になるもの、固定負債は支払いや返済期限が長期（多くの場合1年超）のものです。

純資産には、株主がその会社に対して直接投資したお金（資本金や資本剰余金）と、これまでに会社が上げてきた利益のうち、内部留保（事業への再投資）に回した分に相当する利益剰余金などが示されています。

　利益剰余金の金額は、これまでにその会社が上げてきた利益の目安になります。特に**優良企業といわれるような会社の場合、利益剰余金の金額が非常に大きく、その結果としてB／Sの右側に占める純資産の割合が大きくなり、その分負債の割合が小さくなる傾向があります。**上げてきた利益を内部留保に回すことで投資に必要とされるお金をカバーすることができ、借り入れなどの有利子負債（利子が発生する負債）に頼らずに済むためです。

　B／Sの左側は、右側で調達した資金の投資先を表しています。ここは、流動資産と固定資産に分かれます。流動資産には短期（多くの場合1年以内）に現金化されることが想定されている資産が、固定資産には短期での現金化を想定していない資産が分類されます。固定資産は、土地や建物といった形のある「有形固定資産」、ソフトウエアや特許権などの「無形固定資産」、そして長期に保有することを想定している投資有価証券などが含まれる「投資その他の資産」に分けられます。

　無形固定資産を見るときに着目しておきたいのが、「のれん」です。**のれんとは、会社が合併や買収（M&A）を行ったときの買収価額と買収対象会社の（時価ベースでの）純資産の差額**のことです。M&Aを行う際の買収価額は時価ベースの純資産を上回ることが多いため、M&Aを行った会社のB／Sの左側には多額ののれんが計上されていることがよく見られます。買収対象会社の資産から負債を差し引いた価値以上に上乗せされた評価部分が、買収を行った会社の無形固定資産のところに、

のれんとして表示されているのです。

　そのため、**B／Sの左側に多額ののれんが計上されている場合には、過去に大きなM&Aを行ってきた可能性が高い**といえます。のれん計上のメカニズムについては、次のSectionで取り上げる飲料メーカーの事例の中（23〜24ページ）で詳しく解説しますので、そちらも参照してください。

　では、実際のB／Sを見てみましょう。下の表は、日本マクドナルドホールディングス（以下、日本マクドナルドHD）の要約B／Sです。

日本マクドナルドHDの要約B／S（2021年12月期）

科目	金額（十億円）	科目	金額（十億円）
（資産の部）		（負債の部）	
流動資産	**103**	流動負債	**59**
現預金	75	買掛金	1
売掛金	21	未払金	29
その他	7	未払費用	7
		その他	21
固定資産	**157**		
有形固定資産	**103**	固定負債	**7**
建物・構築物	63	退職給付負債	1
機械・装置	10	資産除去債務	4
土地	21	その他	2
その他	9	負債合計	**66**
無形固定資産	**10**		
のれん	1	（純資産の部）	
ソフトウェア	9	資本金	24
その他	1	資本剰余金	42
		利益剰余金	132
投資その他の資産	**44**	自己株式	0
敷金及び保証金	34	その他の包括利益累計額合計	− 4
その他	10	純資産合計	**194**
資産合計	**260**	負債純資産合計	**260**

このB／Sは日本マクドナルドHDが開示しているものを要約してシンプルにしていますが、それでも慣れないうちは読みにくいものです。そこで、このB／Sを図解してみましょう。

前ページのB／Sから、網かけした部分の数値を抜き出して図解に使用します。具体的には、左側からは「流動資産」「有形固定資産」「無形固定資産」「投資その他の資産」を、右側からは「流動負債」「固定負債」「純資産合計」をピックアップし、金額の大きさと面積が比例するように作成した「比例縮尺図」に落とし込みます。

下の図は、日本マクドナルドHDのB／Sを比例縮尺図にしたものです。

日本マクドナルドHDのB／S比例縮尺図（2021年12月期）

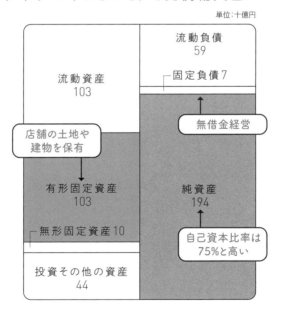

単位：十億円

流動資産 103	流動負債 59
	固定負債7
店舗の土地や建物を保有	無借金経営
有形固定資産 103	純資産 194
無形固定資産10	自己資本比率は75%と高い
投資その他の資産 44	

このように比例縮尺図にすることで、一見とっつきにくいB／Sを視覚的に捉えることができるようになります。この**比例縮尺図からB／Sの大枠をざっくりつかんだ上で、細かな部分をもとのB／Sで確認していくのがB／Sを読み解くコツ**です。

　例えば、日本マクドナルドHDのB／Sの左側には、有形固定資産が1,030億円計上されています。これは、**店舗の建物や土地を保有しているため**です。日本マクドナルドHDはフランチャイズでの店舗展開が主となっていますが、直営店舗も運営しています。そうした直営店舗や、フランチャイズ店に対する賃貸店舗の有形固定資産の金額が大きいことがわかります。また、投資その他の資産（440億円）の大半は店舗の敷金及び保証金（340億円）です。

　B／Sの右側に目を向けてみると、負債の割合が低いこともわかります。もとのB／Sを確認してみると、**日本マクドナルドHDには借入金などの有利子負債が見当たりません**。したがって、日本マクドナルドHDはいわゆる「無借金経営」を行っている企業であることがわかります。

　B／Sの右側における資本構成の安定性を見る指標のひとつに、自己資本比率（＝純資産÷総資本〔総資産〕）があります。会社が調達した資本のうち、返済の必要がない純資産の割合を見るもので、**高いほどその企業の安全性が高いと判断できます**。日本マクドナルドHDの自己資本比率を試算してみると、75％となっています。日本の上場企業における自己資本比率の平均値が40％前後ですから、**日本マクドナルドHDの自己資本比率はかなり高い水準である**といえるでしょう。

　このように要約されたB／Sからでも、その会社がどのようなビジネスモデルを築いているのかを読み取ることができるのです。

2

飲料メーカーの B／Sに見る ビジネスモデルの違い

資産の持ち方の違いで
ビジネスモデルの差が読み解ける

▸ **3社の違いはB／Sにどう表れるでしょうか?**

伊藤園	サントリー食品	コカ・コーラBJHD
製造を外部委託する ファブレス企業	度重なるM&Aにより 海外販売比率が50%に	70万台の自販機を保有し 自販機構成比35%※

伊藤園

自社
- 原料仕入れ
- 原料加工

外部委託
- 抽出・ボトリング

自社
- 販売

サントリー食品

地域別販売構成比
（2021年12月期）

- 日本 50%
- アジアパシフィック 23%
- 欧州 19%
- 米州 9%

コカ・コーラBJHD

販売チャネル別販売構成比
（2019年）

- 自販機 35%
- その他 65%

※ 2020年9月8日付日経産業新聞

ここでは、大手飲料メーカーのB／Sを比較してみましょう。取り上げるのは、伊藤園、サントリー食品インターナショナル（以下、サントリー食品）、コカ・コーラ ボトラーズジャパンホールディングス（以下、コカ・コーラBJHD）の3社です。

　これらの3社は同じ飲料メーカーではありますが、左ページの図に示すように、そのビジネスモデルは異なります。

　伊藤園は、「お〜いお茶」に代表される緑茶製品や野菜飲料、コーヒー飲料を主力製品とする清涼飲料メーカーです。伊藤園のビジネスモデルの特徴は、抽出やボトリングといった飲料製造工程において自社工場を保有せず、外部工場に製造を委託するファブレス企業であるという点にあります。

　サントリー食品は、缶コーヒーの「BOSS」や緑茶飲料「伊右衛門」などのソフトドリンクを主力商品としています。サントリー食品の特徴は、海外における売上高の割合が50％を占めている点です。これは、サントリー食品が海外企業に対する積極的なM&Aを進めてきたためです。

　コカ・コーラBJHDは、2017年4月にコカ・コーライーストジャパンとコカ・コーラウエストが経営統合したことによって生まれた清涼飲料メーカーです。営業地域としては1都2府35県をカバーしており、国内のコカ・コーラ系ボトラーとしては最大規模となっています。コカ・コーラBJHDの事業上の特徴は、70万台の自販機を保有し、自販機チャネルの売上構成比が35％と高い点にあります。

　各社のビジネスモデル上の特徴はB／Sにどのように表れているのでしょうか。仮説を立てながらB／Sを読み解いていきましょう。

ファブレス経営を推進し有形固定資産が少ない伊藤園

　下の図は、伊藤園の2021年4月期のB／Sを図解したものです。

　伊藤園のB／Sの左側（資産サイド）で特徴的なのは、有形固定資産が780億円と少ない点です。総資産（資産の合計金額）に占める有形固定資産の割合は23％にすぎません。

　売上高が有形固定資産の何倍にあたるかを表す有形固定資産回転率（＝売上高÷有形固定資産）をここで取り上げている3社で試算してみると、伊藤園が5.7回であるのに対し、サントリー食品は3.0回、コカ・コーラBJHDは1.7回で、**伊藤園の有形固定資産回転率はずば抜けて高いこ**

伊藤園のB／S（2021年4月期）

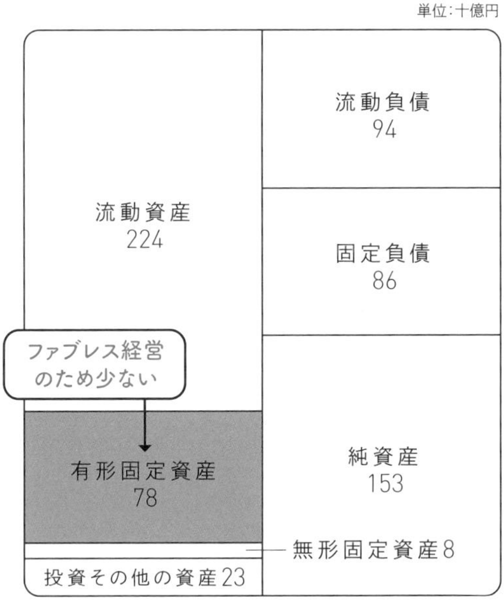

単位：十億円

流動資産 224	流動負債 94
	固定負債 86
ファブレス経営 のため少ない ↓ 有形固定資産 78	純資産 153
投資その他の資産23	無形固定資産8

とがわかります。

　伊藤園は緑茶のトップメーカーですが、自社で製造しているのは原料となる茶葉までであり、緑茶の抽出やボトリングは外部に委託する「ファブレス経営」を進めています。そのため、**必要な設備投資が少なく、有形固定資産が少ない軽量型のビジネスモデルになっている**のです。

　なお、B／Sの左側で最大の金額を占めているのは流動資産（2,240億円）で、ここには現預金（1,090億円）のほか、受取手形及び売掛金（530億円）や棚卸資産（450億円）が含まれています。

　B／Sの右側（負債・純資産サイド）では、流動負債が940億円、固定負債が860億円計上されており、それぞれに短期借入金が250億円、社債と長期借入金が660億円含まれています。純資産は1,530億円で、自己資本比率は46％となっています。

M&Aによるグローバル展開が特徴的なサントリー食品

　続いて、サントリー食品のB／Sについて解説しましょう（次ページ）。サントリー食品はIFRS（国際財務報告基準）を採用しているために、日本基準の決算書とは一部異なる点がありますが、細かな違いは気にせずに読んでいくことにしましょう。

　B／Sの左側で最も特徴的なのは、多額の無形固定資産（6,860億円）が計上されている点です。この無形固定資産には、のれん（2,560億円）と商標権（3,280億円）が含まれています。

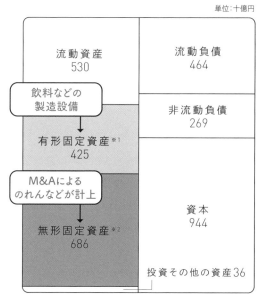

サントリー食品のB／S（2021年12月期）

単位：十億円

流動資産 530	流動負債 464
飲料などの製造設備 → 有形固定資産※1 425	非流動負債 269
M&Aによるのれんなどが計上 → 無形固定資産※2 686	資本 944
投資その他の資産36	

※1 使用権資産を含む
※2 のれんと無形資産の合計額

のれんの大部分は、2009年にフランスの清涼飲料メーカーであるオランジーナ・シュウェップス・グループを、2015年にジャパンビバレッジホールディングスを買収した際に生じたものです。のれん計上のメカニズムについては、次の項で詳しく説明します。

また、商標権はイギリスの製薬大手グラクソ・スミスクラインから譲り受けた「Lucozade（ルコゼード）」「Ribena（ライビーナ）」と、オランジーナ・シュウェップス・グループから取得した「Schweppes（シュウェップス）」「Orangina（オランジーナ）」「Oasis（オアシス）」などの飲料ブランドに関するものが大部分を占めています。

　サントリー食品は、飲料事業をグローバルに展開するにあたって積極的なM&Aを行ってきており、その結果がB／Sにも表れているのです。

　また、サントリー食品では伊藤園とは違い、**飲料などの製造設備を保有しているために、有形固定資産（使用権〔リース〕資産を含む）も4,250億円計上されています。**

　B／Sの右側には、流動負債が4,640億円、非流動負債（日本基準での固定負債に相当）が2,690億円計上されており、社債及び借入金がそれぞれに560億円、1,100億円含まれています。資本（日本基準での純資産に相当）は9,440億円で、自己資本比率は56%となっています。

M&Aでのれんが計上されるメカニズム

　ここで、M&Aによって「のれん」が計上される仕組みについて図解（次ページ）で説明しておきましょう。

　A社がB社の株式100%を取得してB社を買収するケースを例にとって考えてみます。このとき、A社はB社の株式をB社純資産（B社の資産、負債を時価評価した際の純資産）よりも高い価額で取得することとします。

　A社がB社の株式を取得しているので、次ページの図の左側にある**A社のB／Sにおける資産サイドには、B社の株式が計上されています。**

　続いて、A社のB／SとB社のB／Sを合算して連結のB／Sを作成します。このとき、**A社の資産、負債、純資産と、B社の資産と負債はすべて合算します。**なお、会計ルール上、B社の資産と負債は時価ベースに換算されます。

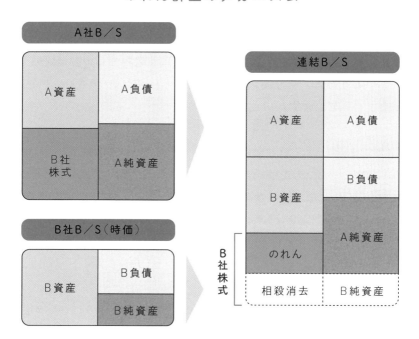

のれん計上のメカニズム

　ここで問題となるのは、A社が保有するB社の株式とB社の純資産の取り扱いです。A社のB社に対する投資（＝B社株式）の一部とB社の純資産がダブルでカウントされた状態（A社が投資したお金〔B社の株式〕の一部がB社の純資産として計上されてしまっている状態）になってしまっているからです。

　そこで、**B社の純資産と、それに相当する金額のB社の株式を相殺消去し、残った部分を「のれん」として計上します。** これが、M&Aを行った会社で「のれん」が計上されるメカニズムです。

自販機の売上比率が高いコカ・コーラBJHD

　コカ・コーラBJHDのB／S（下図）も見てみましょう。コカ・コーラBJHDもサントリー食品と同様にIFRSを採用しています。

　コカ・コーラBJHDのB／Sの左側で最も大きな金額が計上されているのは、有形固定資産（4,600億円、使用権〔リース〕資産を含む）です。有形固定資産の金額が大きくなっている理由としては、サントリー食品と同様に飲料のボトリングを行う設備を保有していることと、有形固定資産に多くの自販機が計上されていることが挙げられます。

コカ・コーラBJHDのB／S（2021年12月期）

単位：十億円

流動資産 301	流動負債 156
	非流動負債 219
ボトリング設備と自動販売機 → 有形固定資産※1 460	資本 492
無形固定資産※2 66	投資その他の資産 40

※1 使用権資産を含む
※2 B／S上は無形資産と表示されている

コカ・コーラBJHDは2021年末時点で約70万台の自販機を保有しています。また、2020年9月8日付の日経産業新聞に掲載された飲料総研のデータによれば、**2019年におけるコカ・コーラの売上高に占める自販機の構成比は35％となっており、サントリー食品の24％、伊藤園の16％よりも高い**のです。こうしたことから、コカ・コーラBJHDのB／Sでは、880億円の自販機が有形固定資産に計上されています。これは、**有形固定資産（使用権資産を含む）の19％に相当**します。

　B／Sの右側には流動負債が1,560億円、非流動負債（固定負債に相当）が2,190億円計上されており、それぞれに含まれる社債及び借入金は310億円、1,570億円となっています。資本（純資産に相当）は4,920億円で、自己資本比率は57％です。

Point

この事例のポイント！

　ここでは、伊藤園、サントリー食品、コカ・コーラBJHDという飲料メーカー3社の決算書を比較してきました。

　ファブレス経営を行っている伊藤園では、B／Sに計上された有形固定資産が少ない点にその特徴が表れていました。飲料製造工程を外部委託することにより、伊藤園のビジネスモデルは軽量型になっているといえるでしょう。

　サントリー食品のB／S上の特徴は、B／Sにおける無形固定資産の金額が大きい点にありました。度重なる海外企業に対するM&Aの結果として、B／Sにのれんや商標権が計上されたためです。

そして、コカ・コーラBJHDでは、有形固定資産の金額が大きくなっていました。これは、ボトリングに必要な設備を保有していることに加え、有形固定資産に多くの自販機が計上されているためです。

　以上のように、各社の戦略上の特徴が、B／Sに色濃く表れていることが読み取れる事例だといえます。

住宅メーカーの
B／Sに見る
ビジネスモデルの違い

事業構成の違いが
B／Sの差を生み出す

▸ 売上構成の差からB／Sの違いを想像できますか？

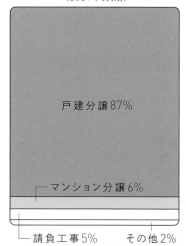

大和ハウス

住宅を中心にマンション事業、
商業施設、事業施設を運営

事業別売上構成比
（2021年3月期）

賃貸住宅24％

事業施設24％

商業施設19％

戸建住宅12％

マンション8％

その他10％

住宅ストック3％

飯田GHD

複数の住宅メーカーが経営統合
主力は戸建住宅やマンションの分譲事業

事業別売上構成比
（2021年3月期）

戸建分譲87％

マンション分譲6％

請負工事5％　　その他2％

　ここでは、住宅メーカーである大和ハウス工業（以下、大和ハウス）と飯田グループホールディングス（以下、飯田GHD）のB／Sを比較してみましょう。左ページの図に示すように、大和ハウスは住宅を中心にマンション、商業施設、事業施設事業を運営する総合住宅メーカー、飯田GHDは戸建住宅やマンション分譲事業を主力とする住宅メーカーです。

B／Sからわかる大和ハウスが注力する 「ある事業」とは？

　それでは早速、大和ハウスのB／S（下図）から見ていきましょう。

　まず、大和ハウス工業のB／Sからは、**資産における有形固定資産の割合が大きい**ことがわかります。大和ハウスのB／Sには、有形固定資

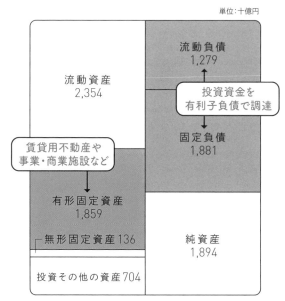

大和ハウス工業のB／S（2021年3月期）

単位：十億円

流動資産 2,354	流動負債 1,279
投資資金を有利子負債で調達	固定負債 1,881
賃貸用不動産や事業・商業施設など　有形固定資産 1,859	
無形固定資産 136	純資産 1,894
投資その他の資産 704	

産が1兆8,590億円計上されています。これを踏まえると、大和ハウスは何らかの大規模な設備投資を行っているのではないかという仮説を立てることができます。

　この有形固定資産の内容を知る上での手がかりになるのが、決算書が掲載されている有価証券報告書です。大和ハウスの有価証券報告書の中にある「設備の状況」から有形固定資産の中身を探ってみると、親会社である大和ハウスの「賃貸等不動産」が4,390億円、子会社の大和リースが保有する「賃貸用商業施設」が1,740億円というように、**賃貸用の不動産が有形固定資産として計上されている**ことがわかります。

　また、同じく有価証券報告書中の「セグメント情報」を見てみると、物流施設や製造施設などの開発・建築を行う「事業施設」セグメントの資産が1兆6,900億円、商業施設の開発・建築・管理・運営を行う「商業施設」セグメントの資産が1兆60億円計上されており、他のセグメントと比べても資産の金額規模が群を抜いて大きくなっています。

　近年、**大和ハウスは戸建住宅や賃貸住宅、マンション事業に加え、事業施設や商業施設事業に注力しており、そうした施設へ設備投資を行った結果として、B／S上に大きな金額の有形固定資産が計上されている**のです。また、投資のための資金を長期借入金や社債によって調達しているため、**負債の占める割合も大きい**のが特徴です。そのため、自己資本比率は37%とやや低めになっています。

飯田GHDのビジネスモデルの特徴

　続いて、飯田GHDのB／S（右ページ）を見ていきましょう。

飯田GHDは、2013年に一建設、飯田産業、東栄住宅、タクトホーム、アーネストワン、アイディホームが経営統合して生まれた会社です。主力事業は戸建住宅やマンションの分譲事業で、**不動産を仕入れて住宅やマンションを建設し、それを顧客に販売する**というのが、住宅分譲を行う会社の基本的なビジネスモデルとなっています。

　したがって、**住宅分譲事業を手がける会社のB／Sの左側（資産サイド）には、仕入れた不動産が在庫として計上されるのが普通**です。そして、こうした不動産はいわゆる在庫ですので、有形固定資産ではなく、流動資産に棚卸資産として計上されます。飯田GHDのB／Sには不動産在庫が棚卸資産として4,780億円計上されており、流動資産（1兆960億円）

飯田GHDのB／S（2021年3月期）

単位：十億円

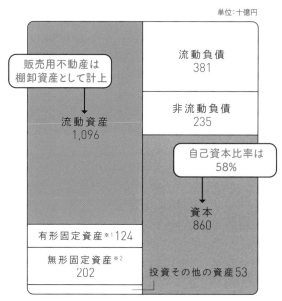

販売用不動産は棚卸資産として計上

流動資産 1,096

流動負債 381

非流動負債 235

自己資本比率は58%

資本 860

有形固定資産 ※1 124

無形固定資産 ※2 202

投資その他の資産 53

※1 使用権資産を含む
※2 のれんと無形資産の合計額

の44％を占めています。そして、**賃貸事業を基本的に手がけていない飯田GHDでは有形固定資産の割合が小さくなっている**、というわけです。

　なお、B／Sの右側（負債・純資産サイド）には流動負債が3,810億円、非流動負債（固定負債に相当）が2,350億円計上されています。ここには、社債及び借入金がそれぞれ2,010億円、2,000億円含まれており、有利子負債も活用した資金調達が行われていることがわかります。ですが、自己資本比率は58％と大和ハウスに比べると高い水準になっています。

Point
この事例のポイント！

　ここでは、住宅メーカーである大和ハウスと飯田GHDのB／Sを比較して見てきました。

　賃貸住宅や商業施設、事業施設といった有形固定資産を持つ大和ハウスに対し、住宅分譲事業を主力とする飯田GHDが持つ販売用不動産は棚卸資産として流動資産に計上されているため、両社のB／Sには大きな違いが生まれています。

　ビジネスモデルとB／Sの間には、密接な関連があることが読み取れる事例です。

損益計算書（P／L）の読み方

P／Lから企業の儲け方を
明らかにできる

　　ここでは、2つ目の基本財務諸表として損益計算書の読み方について
解説していきましょう。損益計算書は、**Profit and Loss Statement** の
頭文字をとって、P／Lとも呼ばれます。**P／Lは、1年間の取引を通じ
て得られた収益（売上高など）から費用を差し引いた利益を計算すること
を目的に作成されます。** 実際のP／Lについては後ほど解説しますが、
P／Lを読む際にも、貸借対照表（B／S）と同様に比例縮尺図に図解し
て読む方法が有効です。

　　P／Lを図解する際には、次ページの図の左側に示すように、収益項
目（売上高、営業外収益、特別利益）を右側に、費用項目（売上原価、販売費
及び一般管理費〔以下、販管費〕、営業外費用、特別損失、法人税等）を左側に表
示します。そして、「収益－費用」がプラスならば当期純利益の金額を
左側に、マイナスならば当期純損失の金額を右側に表示します。

　　**営業外収益・費用、特別利益・損失の金額が大きくないのであれば、
次ページの図の右側に表示したように、営業利益までの項目を図解する
のがシンプルでわかりやすいでしょう。**

P／Lの基本構造

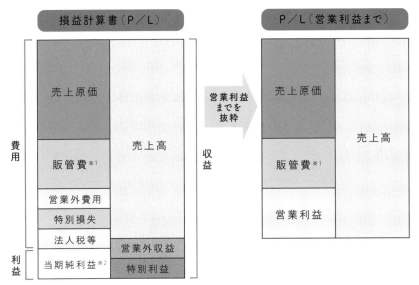

※1 販売費及び一般管理費
※2 当期純利益は、さらに「非支配株主に帰属する当期純利益」「親会社株主に帰属する
　　当期純利益」に分けられる

　この場合、比例縮尺図の右側には商品や製品、サービスを販売したことによる「売上高」が表示されます。左側には、商品や製品を仕入れ・製造するのにかかった費用である「売上原価」と、売上原価以外に本業で必要となった費用である「販管費」が表示されます。そして、「売上高−売上原価−販管費」がプラスならば、その金額を「営業利益」として左側に、マイナスならばその金額を「営業損失」として右側に表示します。

　営業利益は会社が本業で稼いだ利益を表すため、ここまでのP／Lの構造を理解しておけば、その会社の本業における利益構造を読み解くことができます。

　もちろん、さまざまな会社を分析していくと、会社の本業以外の経常的な活動から発生する営業外収益・費用や、その年限りの臨時の利益や損失である特別利益・損失に大きな金額が計上されているケースもあります。そのような場合は、左ページの図の左側のように、P／L全体の構造を図解したほうがよいでしょう。

　では、実際のP／Lを見ていきましょう。下の表は、日本マクドナルドHDのP／Lを要約したものです。営業利益までを比例縮尺図にする場合には、網かけした「売上高」「売上原価」「販管費」「営業利益」の数値をピックアップします。そして、図の右側に「売上高」を、左側に「売上原価」「販管費」「営業利益」を配置し、B／Sの場合と同様に金額の大きさと図の面積が対応するような図を作成します（「営業損失」の場合には図の右側に表示することになります）。

日本マクドナルドHDの要約P／L（2021年12月期）

科目	金額（十億円）
売上高	**318**
売上原価	**254**
売上総利益	**63**
販売費及び一般管理費	29
営業利益	**35**
営業外収益	1
営業外費用	2
経常利益	**34**
特別利益	0
特別損失	1
税金等調整前当期純利益	**33**
法人税等	9
当期純利益	**24**
親会社株主に帰属する当期純利益	**24**

下の図は、そのようにして作成した日本マクドナルドHDのP／Lの比例縮尺図です。日本マクドナルドHDの売上高が3,180億円であるのに対し、売上原価が2,540億円、販管費が290億円、そして営業利益が350億円計上されていることがわかります。

　P／Lにおける利益構造を見る際によく使われるのが、費用や利益を売上高との比率で分析する方法です。売上原価を売上高で割ったものを原価率、販管費を売上高で割ったものを販管費率、営業利益を売上高で割ったものを売上高営業利益率と呼びます。例えば、日本マクドナルドHDの原価率は80％、販管費率は9％、売上高営業利益率は11％というように計算することができます。

日本マクドナルドHDのP／L比例縮尺図（2021年12月期）

単位：十億円

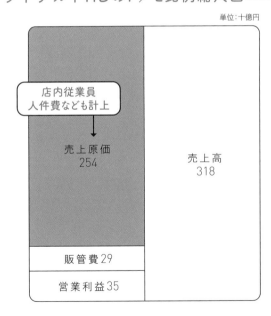

　通常、外食産業における原価率は30％前後となりますが、日本マクドナルドHDの原価率はそれに比べるとかなり高い水準です。

　日本マクドナルドHDの原価率が高い要因としては、材料費に加えて（直営の）店内でハンバーガーをつくっている従業員の人件費が売上原価に含まれていること、そして売上高に占めるフランチャイズ収入（フランチャイズ店からのロイヤルティ、賃貸料、広告宣伝負担金など）やそれに伴う売上原価の割合が大きいことが挙げられます。日本マクドナルドHDの財務諸表が掲載されている有価証券報告書を見ると、直営店にかかわる原価率は88％、フランチャイズ店における原価率は63％であることがわかります。

　このように、P／Lを見る際も、その会社のビジネスモデルを踏まえながら分析していくことが重要になります。

乳飲料メーカーの P／Lに見る ビジネスモデルの違い

ヤクルトにとってヤクルトレディは
なぜ重要なのか？

> **ヤクルトレディを通じて販売するメリットとは？**

ヤクルト本社の販売チャネル

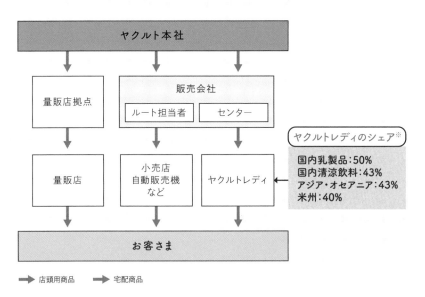

※ 2022年3月期のデータによる
（出典）ヤクルト本社ホームページより筆者作成

P/Lを分析する事例として、乳酸菌飲料「ヤクルト」でおなじみの
ヤクルト本社を取り上げましょう。また、その比較対象として同じ乳
業・乳製品メーカーに属する雪印メグミルクのP/Lについても取り上
げます。

　左ページの図に示すように、ヤクルト本社の販売チャネルで重要な位
置を占めているのは、ヤクルトレディによる宅配チャネルです。**ヤクル
トレディの販売シェア（数量ベース）は国内乳飲料では50%に達してい
ます**。ヤクルトレディチャネルはなぜヤクルト本社にとって重要なので
しょうか。

　また、今回取り上げる決算期である2022年3月期前後において、**原
材料を海外からの輸入に頼る食品メーカーでは、原材料価格の高騰や円
安により収益性が圧迫されていました**。両社にはそうした影響がどのよ
うに出ているのでしょうか。そして「ヤクルト1000」がヒットしたヤ
クルト本社の業績はどうなっているのか、P/Lから読み解いていきま
す。

雪印メグミルクが「減収減益」になった理由とは？

　まずは、雪印メグミルクから見ていきましょう。雪印メグミルクは、
2009年に日本ミルクコミュニティと雪印乳業が経営統合することに
よって生まれた大手乳業メーカーです。

　次ページの図は、雪印メグミルクのP/Lを図解したものです。売上
高が5,580億円であるのに対し、売上原価は4,690億円（原価率84%）、
販管費は710億円（販管費率13%）です。営業利益は180億円で、売上高
営業利益率は3%となっています。

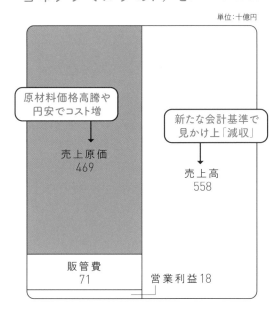

雪印メグミルクのP／L（2022年3月期）

単位：十億円

原材料価格高騰や
円安でコスト増

新たな会計基準で
見かけ上「減収」

売上原価
469

売上高
558

販管費
71

営業利益 18

　2021年3月期の売上高は6,150億円でしたから、2022年3月期は570億円の減収となっています。これは、**2022年3月期決算より新たな「収益認識に関する会計基準」が適用され、**これまで取引総額を売上高に計上していたものの一部が手数料に相当する純額で計上されたり、リベートなどの一部が売上高から控除されたりしたことなどが大きく影響しています。

　雪印メグミルクの有価証券報告書によれば、新たな収益認識に関する会計基準の適用により、売上高が620億円減少したとされています。つまり、**この効果を加味した2021年3月期と同じ基準での売上高は6,200億円となり、実質的には増収だった**ことがわかります。

　雪印メグミルクのように、2022年3月期の決算において多くの企業で新たな「収益認識に関する会計基準」が適用されました。こうした企業では売上高や費用に大きな変動が生じていることがあるため、決算書を読む際には注意が必要です。

　雪印メグミルクでは、新基準の適用により、先に述べた売上高の減少に加えて売上原価が90億円減少し、販管費は530億円減少したとされています。

　雪印メグミルクの営業利益については新基準適用による影響はほとんどありませんが、2021年3月期の営業利益が200億円であったのに対し、2022年3月期では180億円と、20億円の減益となっています。

　この主な要因は、**原材料価格の高騰や円安により原材料コストが上昇したことに加え、オペレーションコスト**が増加したことにあります。原材料の一部を海外からの調達に頼っている雪印メグミルクにとっては、円安の進行は業績に対する逆風になったといえます。

ヤクルト1000のヒットで増収増益のヤクルト本社

　続いて、ヤクルト本社のP／Lも見ていきましょう。

　次ページの図は、ヤクルト本社のP／Lを比例縮尺図に図解したものです。これによれば、売上高が4,150億円であるのに対し、売上原価が1,670億円（原価率40％）、販管費が1,950億円（販管費率47％）計上されています。営業利益は530億円で、売上高営業利益率は13％という水準です。

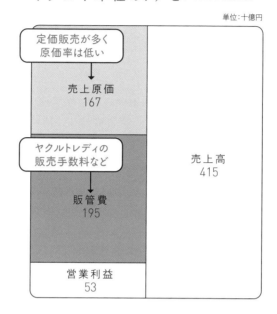

ヤクルト本社のP／L（2022年3月期）

単位：十億円

定価販売が多く
原価率は低い
→ 売上原価
167

ヤクルトレディの
販売手数料など
→ 販管費
195

営業利益
53

売上高
415

　ヤクルト本社においても2022年3月期から新たな**「収益認識に関する会計基準」**が適用されており、それによって売上高が80億円減少していますが、それでも2021年3月期の売上高3,860億円と比較すると**290億円の増収**です。また、営業利益も2021年3月期の440億円から100億円の増益となっています（四捨五入の誤差があるため、営業利益の差額と増益幅は一致していません）。

　このように、ヤクルト本社の業績が増収増益となった要因のひとつは、**ヤクルト1000をはじめとする乳製品の販売が伸び、日本国内における売上高、利益が増加した**ためです。2019年10月から首都圏や北関東地区で先行販売されてきたヤクルト1000ですが、2021年4月から販売地区を全国に拡大し、2022年3月期の業績にも大いに貢献しました。

ヤクルト本社の決算説明資料によると、日本国内における乳製品の2022年3月期の売上本数は前期比2.1％増となり、国内の飲料・食品の売上高（収益認識会計基準の影響を除く）は180億円の増収、営業利益（全社費用配分変更の影響を除く）は70億円の増益でした。

ヤクルト本社の販管費率が高く、原価が低い理由

ここまで見てきたように、ヤクルト本社の原価率は40％、販管費率は47％です。**一般的に、乳業などの畜産加工メーカーの原価率は7割強、販管費率は2割程度です。これに比べると、ヤクルト本社の原価率は低く、販管費率は高くなっています。**その理由を探るために、雪印メグミルクとヤクルト本社の販管費の内訳を比較してみましょう。

次ページの図を見ると、**ヤクルト本社では給与手当、販売手数料、広告宣伝費といった費用の割合が高い**ことがわかります。販売手数料とは、ヤクルトの宅配を担う「ヤクルトレディ」に対する報酬です。

ヤクルトレディは基本的にヤクルト本社の社員ではなく、個人事業主としてヤクルトの販売会社と業務委託契約を結んでいます。そのため、**ヤクルトレディへの報酬は、給与ではなく販売手数料として支払われている**のです。販売手数料の売上高に対する割合は7％に上ります。**人件費や広告宣伝費が大きいことも、販管費の高さにつながっています。**

ただ、**ヤクルトレディによる直販体制は販管費を押し上げる一因となっている一方で、低い原価率に結びついている**ともいえます。小売りのマージンがかからない上に定価販売であるため、粗利益率が高くなると推測されるためです。

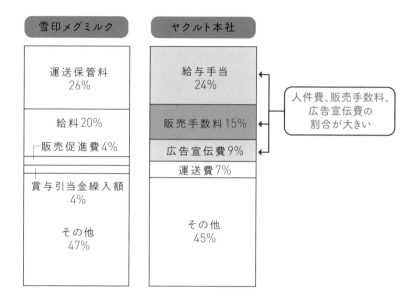

販売費及び一般管理費（2022年3月期）──内訳の比較

雪印メグミルク

運送保管料 26%
給料 20%
販売促進費 4%
賞与引当金繰入額 4%
その他 47%

ヤクルト本社

給与手当 24%
販売手数料 15%
広告宣伝費 9%
運送費 7%
その他 45%

人件費、販売手数料、広告宣伝費の割合が大きい

　なお、冒頭でも触れたように、2022年3月期における国内乳製品のヤクルトレディチャネルの構成比は50％（数量ベース）です。

　また、それに加えてヤクルト1000をはじめとする製品の**ブランド価値や機能性の高さにより販売単価を高く維持できている**ことも、ヤクルト本社の低い原価率に結びついていると推測できます。

ヤクルト1000だけではない、増収増益となったもうひとつの理由

　ヤクルト本社が増収増益となったもうひとつの主な理由は、雪印メグミルクでは減益の要因となった円安の進行です。

連結売上高全体に占める**海外飲料・食品製造販売事業の売上高比率が45%であるヤクルト本社**の場合、円安により海外における売上高と利益が増加するため、全体としての業績を押し上げる効果を持ちます。

同社の有価証券報告書によれば、為替レートの変動は、2022年3月期の海外子会社の売上高において140億円の増収要因に、営業利益において30億円の増益要因になっていました。同年同期の海外における飲料・食品事業の営業利益（全社費用配分変更の影響を除く）は20億円の増益だったことから、**もし円安の影響がなければ、海外事業は減益になっていた**ことになります。

Point

この事例のポイント！

ここでは、大手乳業・乳製品メーカーである雪印メグミルクとヤクルト本社の決算書を比較して見てきました。

内需中心で原材料高や円安が業績を圧迫している雪印メグミルクに対し、ヤクルト本社では国内におけるヤクルト1000の好調が売上高と利益を大きく押し上げる要因になっていたのに加え、円安の進行が海外事業の業績に対して追い風になっていました。

雪印メグミルクは価格転嫁を進めていけるのか、ヤクルト本社はヤクルト1000の売上高をどれだけ伸ばしていけるのか、今後の展開に注目です。

カフェ・レストランの P／Lに見る ビジネスモデルの違い

コロナ禍でも強い
コメダHDの秘密とは？

> **なぜコメダHDはコロナ禍でも黒字を確保できたでしょうか？**

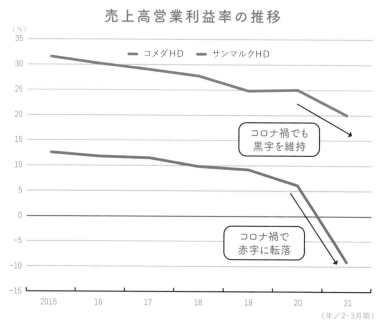

売上高営業利益率の推移

凡例: ━ コメダHD ━ サンマルクHD

コロナ禍でも
黒字を維持

コロナ禍で
赤字に転落

(年／2・3月期)

※ コメダHDは2月決算、サンマルクHDは3月決算。コメダHDの営業利益にはその他の営業収益・費用を加味していない

ここでは、カフェやレストラン事業を手がけるサンマルクホールディングス（以下、サンマルクHD）とコメダホールディングス（以下、コメダHD）の決算書を比較してみましょう。

　両社とも2020年度決算（コメダHDは2021年2月期、サンマルクHDは2021年3月期）ではコロナ禍の影響を受けて減収減益となりました。しかしながら、左ページの図に示すように、**赤字に転落して売上高営業利益率がマイナスとなったサンマルクHDに対し、コメダHDでは売上高営業利益率20％を確保しています。**

　どちらも飲食業であるにもかかわらず、両社の利益率には大きな差があります。こうした差を生み出した両社のビジネスモデルの違いを、実際の決算書から読み解いていきます。

コロナ禍で赤字に転落したサンマルクHD

　まずは、サンマルクHDのP／L（次ページ）から見ていきましょう。

　サンマルクHDの売上高は439億8,700万円、売上原価は96億9,200万円（原価率22％）、販管費383億3,100万円（販管費率87％）で、営業損失は40億3,600万円となっています。**売上高営業利益率はマイナス9％**です。

　サンマルクHDの原価率は、外食産業の平均的水準である30％前後と比べてかなり低いことがわかります。その理由としては、レストラン事業を中心に客単価を高く保っていること、また主力商品のひとつであるパンの原価が低いことなどが挙げられます。

サンマルクHDのP／L（2021年3月期）

単位:百万円

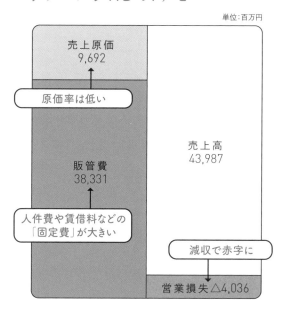

- 売上原価 9,692
  - 原価率は低い
- 販管費 38,331
  - 人件費や賃借料などの「固定費」が大きい
- 売上高 43,987
  - 減収で赤字に
- 営業損失 △4,036

　一方で、**サンマルクHDでは販管費中の人件費や賃借料といった、売上高の変動にかかわらず発生する固定費的なコストが大きく、売上高の減少により利益が低下しやすい固定費型のコスト構造**となっています。

　サンマルクHDの売上高は、2020年3月期の689億900万円から2021年3月期の439億8,700万円へと大きな減収になりましたが、人件費や賃借料といった固定費的なコストはそれほど減少しませんでした。そのため、**サンマルクHDは赤字に転落してしまった**のです。これが、2020年3月期に6％のプラスだったサンマルクHDの売上高営業利益率がマイナス9％へと大きく低下した原因です。

FCへの卸売モデルを採用するコメダHD

　続いて、コメダHDのP／Lを見てみましょう（下図）。コメダHDのP／Lでは、売上収益（売上高に相当）が288億3,600万円であるのに対して、売上原価が184億7,700万円（原価率64％）、販管費が46億2,000万円（販管費率16％）となっており、営業利益（その他の営業収益・営業費用は加味していません）は57億3,900万円の黒字を確保しています。**売上高営業利益率はコロナ禍にありながら20％という高水準**です（2020年2月期の売上高営業利益率は25％）。

　コメダHDの原価率が高く、販管費率が低いのは、コメダHDがフラ

コメダHDのP／L（2021年2月期）

単位：百万円

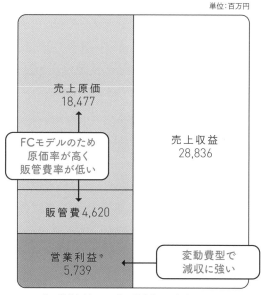

※ その他の営業収益、その他の営業費用は加味していない

ンチャイズ（FC）店主体のビジネスモデルを採用していることと密接に関係しています。コメダHDの売上高のほとんどは、FC店に対する食材などの「卸売売上」で占められているのです。一般的に、卸売業の原価率は高くなる傾向があり、コメダHDにおいても原価率が高くなっています。一方、**店舗で発生する人件費や賃借料などの販管費はFC店側のコストとなる**ため、コメダHDのP／Lには計上されません。これらが、コメダHDにおいて原価率が高く、販管費率が低い理由です。

　では、コメダHDがコロナ禍において高い利益率を確保できた理由は何だったのでしょうか。

コメダHDがコロナ禍でも一人勝ちできた3つの理由

　コメダHDがコロナ禍でも好業績を確保できた理由は、大きく分けて以下の3点にあります。

① コメダHDのコスト構造が変動費型であること
② コメダHDの店舗が郊外型立地で、客席間の距離に余裕があるレイアウトだったこと
③ コメ牛などの商品がヒットしたこと

　1点目は先に述べたとおり、コメダHDがFC店中心の事業展開を行っていることによります。**外食における代表的な固定費である、店舗の人件費や賃借料が少なく、FC店に卸売りする食材の仕入れなど変動費的なコストの占める割合が大きい**ため、コメダHDのコスト構造は変動費型です。変動費型の事業は、売上高が減少すると費用も減少する傾向にあることから、**売上高の減少に強いビジネスモデル**なのです。

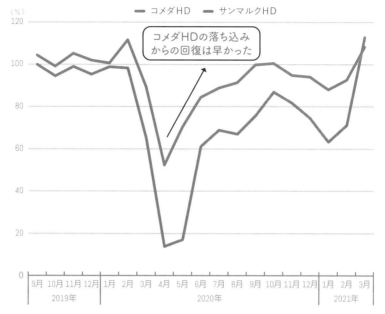

既存店売上高前年比の推移

※ コメダHDはFC向け卸売売上高前年比を示している

　続いて、2点目と3点目について説明する前に、上に示したサンマル
クHDとコメダHDの既存店売上高前年比のデータを見てみましょう
（コメダHDはFC既存店向け卸売売上高前年比）。これによると、新型コロナ
ウイルス感染症が拡大し、初めての緊急事態宣言が出された2020年4
月にかけて両社の売上高は落ち込んでいますが、**コメダHDでは相対的
に落ち込み幅が小さくなっています**。また、その後についても**コメダ
HDでは速やかに売上高が回復している**ことがわかります。

　相対的にコメダHDの売上高の落ち込みが小さくて済んだ主な理由の
ひとつが、2点目に挙げた立地と店舗レイアウトです。**コメダHDの店**

舗の多くは住宅地に立地しており、**店舗内の客席間の距離にも余裕があります。** 緊急事態宣言などに伴うリモートワークの普及で、都心部の店舗は昼間人口の減少によって大きな打撃を受けましたが、多くの店舗が住宅地にあるコメダHDではその影響が小さかったのです。また、**客席間の距離にもともと余裕があるため、ソーシャルディスタンスを確保するために客席数を減らすといった対策をとらなければならない店舗も相対的に少なかった**と推測されます。

　そしてもうひとつの理由が、3点目に挙げたヒット商品の存在です。コメダHDでは、2020年9月に牛カルビ肉と千切りキャベツをサンドしたハンバーガー「コメ牛」を季節限定商品として販売を開始しました。このコメ牛は販売当初から大きな反響を呼び、一時は欠品となるほどの人気商品となったのです。こうした**ヒット商品も、コメダHDの売上高を下支えしました。** また、**このような商品などの情報がSNSで話題になることにより、新たな固定ファンの獲得につながりました。**

Point

この事例のポイント！

　ここでは、サンマルクHD、コメダHDといったカフェ・レストランを運営する両社の決算書を比較してきました。

　サンマルクHDとコメダHDの間には固定費と変動費の割合に差があり、これがコロナ禍における業績の明暗を分けた主な要因のひとつでした。また、コロナ禍においては店舗の立地も業績に大きな影響を及ぼしており、郊外型店舗の多いコメダHDでは売り上げの落ち込み幅が相対的に小さくなっていたことも、コメダHDの業績を下支えした要因であるといえるでしょう。

キャッシュ・フロー計算書（CF計算書）の読み方

CF計算書から
現金の収支が把握できる

　最後に、3つ目の基本財務諸表であるキャッシュ・フロー計算書（CF計算書）の読み方について説明しましょう。

　CF計算書を作成する目的は、1年間を通じた現金の出入り（収支）を示すことにあります。有名な言葉に「勘定合って銭足らず」というものがありますが、これは、損益計算書（P／L）上は利益が出ていたとしても、現金が足らなくなってしまっている状態を指しています。本書のChapter 5では倒産の事例を取り上げますが、こうした倒産は支払いにあてられる現金が不足することによっておこります。

　そこで、**会社の経営状態を分析する際には、支払いに必要な現金が足りているか、現金をどのように稼ぎ、そしてどのように使っているのかを把握することが重要**です。CF計算書からは、こうした現金の動きを見ることができます。

　CF計算書についても、これまで取り上げてきた貸借対照表（B／S）やP／Lと同じように、図解して読み解く方法が有効ですが、その形式

はB／SやP／Lとは異なります。**CF計算書を図解する場合には、「ウォーター・フォール・チャート」にするとわかりやすく示すことができます。**

このウォーター・フォール・チャートは、期首に保有していた現金が、営業活動、投資活動、財務活動によってどれだけ変動したのかを示すグラフです。

右ページの図は、CF計算書の基本構造をウォーター・フォール・チャートで表したものです。グラフの一番左は期首に保有していた現金及び現金同等物の残高、一番右には期末の現金及び現金同等物の残高が表示されています。そして、その間には営業活動によるキャッシュ・フロー（営業CF）、投資活動によるキャッシュ・フロー（投資CF）、財務活動によるキャッシュ・フロー（財務CF）という3つのCFが示されています。

1つ目の**営業CFは本業で稼いだキャッシュ**を示しており、通常の場合はプラスになります。営業CFがマイナスであるということは、会社が本業でキャッシュを稼げていないことを意味しています。**営業CFのマイナスが続いている会社の業績はいいとはいえず、注意をする必要があります。**

2つ目の**投資CFは投資にあてられたキャッシュ**を示しています。一般的に、**成長性の高い成長期の会社においては相対的に投資CFのマイナス幅が大きくなり、成長性の低い安定期の企業では投資CFのマイナス幅が小さくなる**傾向があります。成長期の企業では、事業拡大のために大きな投資を必要とすることが多いためです。

また、営業CFと投資CFを合計したものを「フリー・キャッシュ・フ

CF計算書の基本構造

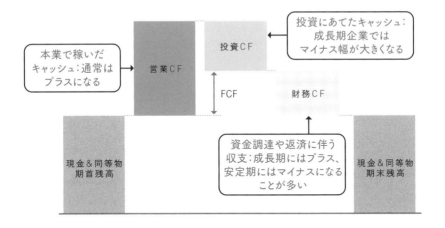

本業で稼いだ
キャッシュ：通常は
プラスになる

営業CF

投資CF

投資にあてたキャッシュ：
成長期企業では
マイナス幅が大きくなる

FCF

財務CF

現金＆同等物
期首残高

資金調達や返済に伴う
収支：成長期にはプラス、
安定期にはマイナスになる
ことが多い

現金＆同等物
期末残高

ロー（FCF）」と呼ぶことがあります。これは、営業CFから純投資額を差し引いたものに相当します。**FCFがプラスであるということは、必要な投資を行った上で、稼いだキャッシュを有利子負債の返済や配当金の支払いに回す余裕がある**ことを意味しています。

　3つ目の**財務CFには、資金調達や返済による現金収支**が示されます。この財務CFは、**成長期の企業ではプラスに、安定期の企業ではマイナスになる**ことが多くなります。成長期の企業では成長投資のための資金が必要となるため、新たな資金調達が行われることで財務CFがプラスとなるのに対し、安定期の企業ではキャッシュリッチ（現金が潤沢）になるため、有利子負債の返済や配当金の支払いや自社株買いといった株主還元にキャッシュが回される傾向にあるためです。

　では、実際のCF計算書を見ていきましょう。次ページの表は、日本マクドナルドHDのCF計算書を要約したものです。

日本マクドナルドHDの要約CF計算書（2021年12月期）

科目	金額（十億円）
営業活動によるキャッシュ・フロー	
税金等調整前当期純利益	33
減価償却費及び償却費	12
…	
小計	**48**
利息の受取額	0
利息の支払額	0
…	
法人税等の支払額	−11
…	
営業活動によるキャッシュ・フロー	**39**
投資活動によるキャッシュ・フロー	
…	
有形固定資産の取得による支出	−19
有形固定資産の売却による収入	1
…	
投資活動によるキャッシュ・フロー	**−21**
財務活動によるキャッシュ・フロー	
長期借入金の返済による支出	−1
配当金の支払額	−5
財務活動によるキャッシュ・フロー	**−6**
現金及び現金同等物に係る換算差額	**0**
現金及び現金同等物の増減額	**13**
現金及び現金同等物の期首残高	**38**
現金及び現金同等物の期末残高	**50**

　CF計算書をウォーター・フォール・チャートに落とし込む際には、表中の網かけになっている、「現金及び現金同等物の期首残高」に「営業活動によるキャッシュ・フロー」「投資活動によるキャッシュ・フロー」「財務活動によるキャッシュ・フロー」を加え、さらに「現金及び現金同等物に係る換算差額」を調整して「現金及び現金同等物の期末残高」と同額になるようにグラフを作成します。

　そのようにして作成した日本マクドナルドHDにおけるCF計算書のウォーター・フォール・チャートが、右ページの図です（現金及び現金同

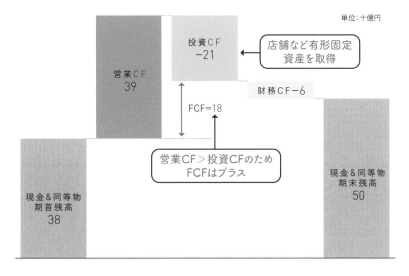

日本マクドナルドHDのCF計算書
ウォーター・フォール・チャート（2021年12月期）

単位：十億円

投資CF
−21

店舗など有形固定
資産を取得

営業CF
39

財務CF−6

FCF=18

営業CF＞投資CFのため
FCFはプラス

現金＆同等物
期首残高
38

現金＆同等物
期末残高
50

等物に係る換算差額は十億円単位の記載では0のため、省略しています）。

　これによれば、**日本マクドナルドHDは営業CFで390億円のキャッ
シュを稼ぐ一方で、投資CFで210億円のキャッシュを投じていること
がわかります**。投資の多くは店舗などの有形固定資産の取得にかかわる
ものです。FCFは180億円のプラスです。また、配当金を50億円支
払っており、財務CFはマイナス60億円となっています。期末の現金及
び現金同等物残高は500億円です。

8

M＆Aによって
CFはどのように
動くのか？

大きな投資をした後の
営業CFの動きにも要注意

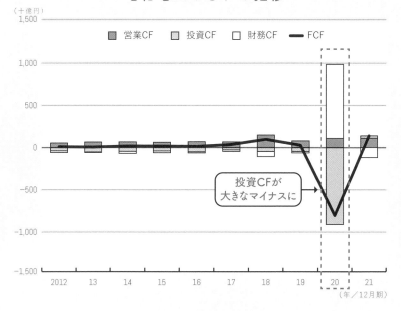

昭和電工のCFの推移

CF計算書の分析事例として、ここでは昭和電工と日本郵便を取り上げます。左ページの図は、昭和電工の2012年12月期から2021年12月期までのCFの動きをまとめたものです。

これによると、**2020年12月期の投資CFのマイナス幅が非常に大きく、それに伴ってFCFも大きなマイナスになっています**。これは、他の年度と比べると突出した数字です。2020年12月期の昭和電工ではどのようなことが起きていたのでしょうか。

M&Aで大幅な投資支出超過となった昭和電工

ここで、あらためて2020年12月期における昭和電工のCF計算書をウォーター・フォール・チャートにしてみます（下図）。

昭和電工のCF計算書（2020年12月期）

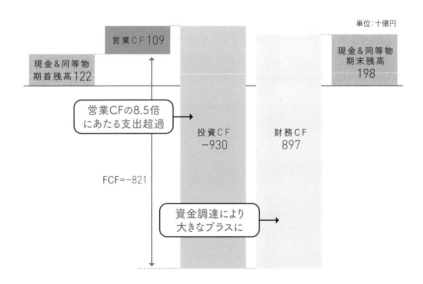

単位：十億円

現金＆同等物期首残高122

営業CF109

営業CFの8.5倍にあたる支出超過

投資CF −930

FCF=−821

財務CF 897

資金調達により大きなプラスに

現金＆同等物期末残高 198

これによれば、**2020年12月期における昭和電工の投資CFはマイナス9,300億円と、営業CF（1,090億円）の8.5倍もの大きさの支出超過になっている**ことがわかります。これは、2020年4月に日立化成を買収し、完全子会社化（その会社が発行する株式の100％を保有する子会社にすること）したためです。昭和電工によれば、日立化成の買収金額は9,640億円とされています。

　この投資金額をカバーするには手元資金や営業CFでは大きく不足するため、昭和電工では長期借入金などによる資金調達を行いました。そのため、財務CFは8,970億円という大きなプラスになっています。

　こうした大型の買収や合併（M&A）が行われた場合には、その後の営業CFの伸びにも注意する必要があります。こうしたM&Aにおける投資は、将来の営業CFによって回収されることが前提となっているためです。

M&A後も営業CFが伸びていない日本郵便

　ここで、日本郵政（日本郵便）の事例を見てみましょう。**日本郵政は、2015年5月に子会社の日本郵便を通じてオーストラリアの物流大手であるトールホールディングス（以下、トール）を買収し、完全子会社化しました。**買収金額は6,093億円（公表ベース）という日本郵政としては過去最大の買収案件であり、この買収によってアジアを中心とした国際物流事業を大きく強化するとされていました。

　では、その買収前後で日本郵便のCFはどのように推移していたのでしょうか。右ページの図は、2014年3月期から2022年3月期にかけての日本郵便のCFの動きをまとめたものです。

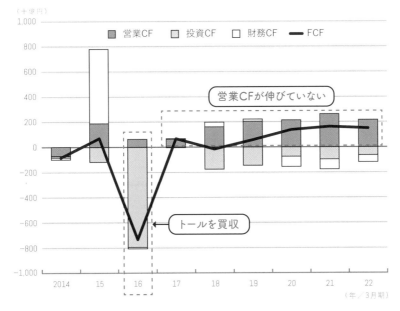

日本郵便のCFの推移

営業CF　投資CF　財務CF　FCF

営業CFが伸びていない

トールを買収

（十億円）

2014 15 16 17 18 19 20 21 22

（年／3月期）

　これによれば、**2016年3月期にはトールを買収したことで日本郵便の投資CFは大きなマイナスになっています。**

　問題は、その後の営業CFの動きです。日本郵便が掲げた買収の目的どおり国際物流事業の強化に成功しているならば、そこで得られたキャッシュが営業CFの伸びとして表れるはずですが、**日本郵便の営業CFは買収後もあまり伸びていません。**このデータを見る限り、トールを買収するために投じた資金を営業CFで回収できていないように見えます。

　実際、中国経済やオーストラリア経済の減速や資源価格の下落に伴って2017年3月期のトールの業績は大きく悪化し、日本郵便では国際物

流事業ののれんや商標権などの減損（資産の収益性が低下し、投資額の回収が見込めなくなったため、資産の価値を回収可能価額まで引き下げること）により4,003億円の損失を計上しました。その後2021年8月には、特に収益性が厳しい状況にあった、オーストラリアやニュージーランドにおける物流事業であるエクスプレス事業を売却することとなりました。今後は、**エクスプレス事業以外のアジアを中心とした国際物流事業において成長性や収益性を高め、営業CFを伸ばしていくことが求められている**といえます。

Point

この事例のポイント！

　ここでは、昭和電工と日本郵便を取り上げ、M&A前後におけるCFの動きを見てきました。

　大型M&Aを行う際には大きな投資が発生するため投資CFのマイナスが大きくなりますが、重要なのはその後の営業CFの動きです。投資に見合ったリターンが得られているかどうか、注意して見ていくことが必要です。

Chapter

2

儲かる仕組みと決算書

1

ドラッグストアの稼ぎ方の違いとは？

商品構成の差が儲け方と
決算書に与える影響を読み解く

▸ **商品構成の差は決算書にどう影響しているでしょうか？**

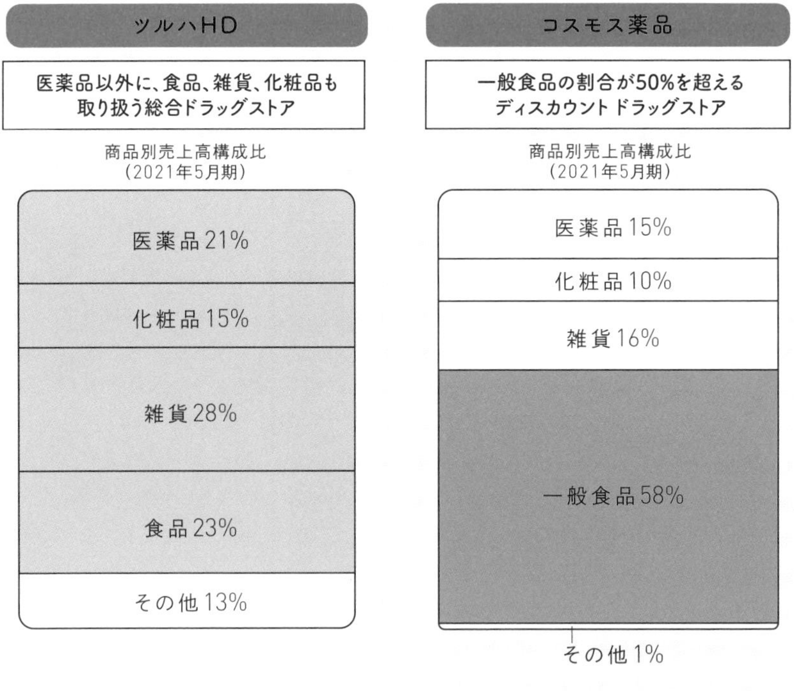

ツルハHD	コスモス薬品
医薬品以外に、食品、雑貨、化粧品も取り扱う総合ドラッグストア	一般食品の割合が50%を超えるディスカウントドラッグストア

商品別売上高構成比
（2021年5月期）

商品別売上高構成比
（2021年5月期）

ツルハHD	コスモス薬品
医薬品21%	医薬品15%
化粧品15%	化粧品10%
雑貨28%	雑貨16%
食品23%	一般食品58%
その他13%	その他1%

Chapter 2では、決算書と儲ける仕組みの関係について取り上げます。**さまざまな業種に属する会社の儲ける仕組みが、決算書にどのように表れているのか**を見ていきましょう。

Chapter 2の最初のケースとして、マツモトキヨシとココカラファインが経営統合するなど、再編が進むドラッグストア業界から、大手企業であるツルハホールディングス（以下、ツルハHD）とコスモス薬品の決算書を取り上げて比較していきます。

左ページの図に示すように、ツルハHDは医薬品以外に、食品、雑貨、化粧品などをバランスよく取り扱っており、「ツルハドラッグ」「くすりの福太郎」「ドラッグイレブン」などを展開する総合ドラッグストアチェーンです。

一方、コスモス薬品は低価格を訴求する「ディスカウントドラッグコスモス」を展開しており、一般食品の割合が50％を超えるディスカウントドラッグストアチェーンとなっています。

両社の成長の過程や商品の品揃えなどの違いが決算書にどのように表れるのか、読み解いていきましょう。

なお、これまでの事例では、B／SまたはP／Lを比例縮尺図に図解してきましたが、ここからはB／SとP／Lの金額の縮尺をあわせる形で並べて見ていきます。

売上高1兆円に迫るツルハHDの決算書の特徴とは？

次ページの図は、ツルハHDの決算書を図解したものです。

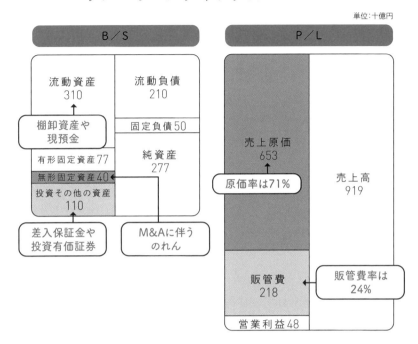

ツルハホールディングス（2021年5月期）

単位：十億円

B／S

流動資産 310	流動負債 210
棚卸資産や現預金	固定負債 50
有形固定資産 77	純資産 277
無形固定資産 40	
投資その他の資産 110	
差入保証金や投資有価証券	M&Aに伴うのれん

P／L

売上原価 653	売上高 919
原価率は71%	
販管費 218	販管費率は24%
営業利益 48	

　まず、右側のP／Lから見ていきましょう。売上高が9,190億円であるのに対し、売上原価は6,530億円（原価率71%）、販管費は2,180億円（販管費率24%）で、営業利益は480億円となっています。**売上高営業利益率は5%**という水準です。

　続いて、左側のB／Sを見ていきましょう。**B／Sの左側（資産サイド）で最大の金額を占めているのは、流動資産（3,100億円）です。**ここには、棚卸資産（1,280億円）や現預金（1,170億円）が含まれています。

　次いで金額が大きいのは、投資その他の資産（1,100億円）です。ここには、差入保証金（620億円）が計上されています。**店舗物件を賃借した**

り、テナントとして入店したりすることが多い小売業では、差入保証金が大きくなるケースが多く、ツルハHDにおいても同様の傾向が見られます。また、投資有価証券も370億円計上されていますが、その多くがイオン系をはじめとする全国のドラッグストアチェーンで構成されるグループ、「ハピコム」の構成企業の株式です。なお、イオンはツルハHDの筆頭株主（2021年5月15日時点）で、ツルハHDもハピコム構成企業のひとつとなっています。

　有形固定資産は770億円で、ここにはツルハHDが全国各地に展開している店舗が資産として計上されています。また、無形固定資産が400億円計上されています。ツルハHDは、下の表に示すように、**売上高が数百億円規模の地方ドラッグストアチェーンを買収しながら成長してきました**。その買収の際に計上された**のれんが、無形固定資産の大部分を占めています**（買収によってのれんが計上されるメカニズムについては、Chapter 1の23〜24ページも参照してください）。

ツルハホールディングスの主なM&A

年	月	概要
2007	5	くすりの福太郎を完全子会社化
2009	2	ウェルネス湖北を子会社化
2013	12	ハーティウォンツを子会社化
2015	8	ハーティウォンツがウェルネス湖北を吸収合併しツルハグループドラッグ＆ファーマシー西日本に商号変更
2015	10	レデイ薬局を子会社化
2017	9	杏林堂グループ・ホールディングスを子会社化
2018	5	ビー・アンド・ディーホールディングスを子会社化
2020	5	JR九州ドラッグイレブンを子会社化

特筆すべきは、**買収によってツルハHDの傘下に入った会社が、その後に利益を伸ばしている**ことです（日経ビジネス2020年7月13日号）。**チェーンとしての事業規模が大きくなり、商品調達のコストが引き下げられることに加え、グループ内の各社が持っている強みを水平展開できていることも業績が好調な要因のひとつ**だといわれています。

　ツルハHDの売上高は、2011年5月期には3,000億円だったところから、2021年5月期には9,190億円と、**ここ10年間で3倍以上に成長**しています。その背景には自前での出店に加え、こうした積極的なM&Aも寄与しています。

　B／Sの右側（負債・純資産サイド）には、流動負債が2,100億円、固定負債が500億円計上されており、それぞれに借入金が70億円、270億円含まれています。純資産は2,770億円で、自己資本比率は51％です。

「自前主義」での成長を志向するコスモス薬品

　続いて、コスモス薬品についても見ていきましょう。右ページの図は、コスモス薬品の決算書を図解したものです。

　コスモス薬品については、B／Sから解説します。**B／Sの左側で最も大きな金額を占めているのは、有形固定資産（1,950億円）**です。コスモス薬品の2021年5月期末における店舗数は1,130店舗であり、同2,420店舗のツルハHDにおける有形固定資産が770億円であったことを踏まえると、**コスモス薬品における有形固定資産の金額がとりわけ大きい**ことがわかります。

　この要因は、有価証券報告書から読み解くことができます。**ツルハ**

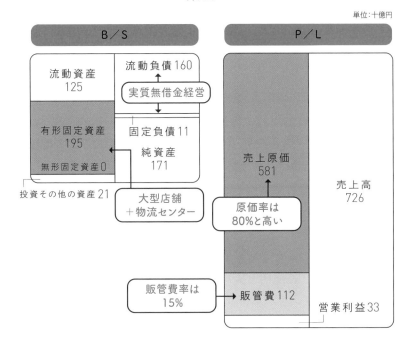

コスモス薬品（2021年5月期）

単位：十億円

B／S

流動資産 125	流動負債 160
	実質無借金経営
有形固定資産 195	固定負債 11
	純資産 171
無形固定資産 0	

投資その他の資産 21

大型店舗＋物流センター

P／L

売上原価 581	売上高 726
原価率は80％と高い	
販管費率は15%	販管費 112
	営業利益 33

HDでは主要な設備として販売設備（店舗）のみが記載されているのに対し、コスモス薬品では店舗に加えて物流センターが記載されているのです。

　ツルハHDでは、物流センターの多くを外部に委託しているため、そうした物流関連の資産が自社のB／Sに計上されていないと推測されます。一方で、コスモス薬品は物流センターを自社で所有しています。加えて、コスモス薬品には売り場面積が1,000平方メートルを超える大型店が多くなっています。こうした点も有形固定資産の金額の大きさにつながっています。

先に述べたように、ツルハHDでは成長戦略の一環としてM&Aを積極的に活用していましたが、**コスモス薬品は基本的に自社出店により成長してきました。そのため、B／Sには無形固定資産がほとんど計上されていません。**

　B／Sの右側には、流動負債が1,600億円、固定負債が110億円計上されていますが、それぞれに含まれる借入金は10億円、40億円とあまり多くありません。流動資産（B／Sの左側）に計上されている現預金の金額が550億円と、借入金の規模に比べてかなり大きいことから、**コスモス薬品は実質無借金経営**であるといえます。

　純資産は1,710億円で、自己資本比率は50％となっています。**実質無借金経営であるにもかかわらず自己資本比率がそれほど高くならないのは、買掛金が1,330億円と大きいため**です。ツルハHDにも同様の傾向が見られます。

　P／Lに目を転じてみると、売上高が7,260億円であるのに対し、売上原価は5,810億円（原価率80％）、販管費は1,120億円（販管費率15％）となっています。営業利益は330億円で、売上高営業利益率は5％です。売上高営業利益率はツルハHDとほぼ同等の水準です。

　一方、**原価率を両社の間で比較すると、ツルハHDが71％であったのに対し、コスモス薬品では80％と、9ポイントの差がついています。**この理由は何でしょうか。

原価率が高くてもコスモス薬品が利益を上げられる理由

　その答えは、冒頭に示した商品構成の差にあります。あらためて、ツ

ルハHDとコスモス薬品における商品別売上高構成比を見てください
（下図）。

　両社の違いが大きく表れているのが、「食品」です。**ツルハHDにお
いては食品の売上高構成比が23％であるのに対し、コスモス薬品にお
ける一般食品は全体の58％と過半を占めています。**この売上高構成比
の違いが、原価率にも影響を及ぼしています。

　医薬品と食品の原価率を有価証券報告書の仕入実績と販売実績から簡
易的に試算してみると、ツルハHDでは医薬品が60％であるのに対し
食品が86％、コスモス薬品では医薬品が68％、一般食品が86％となっ
ており、**両社とも食品の原価率のほうが高い**ことがわかります。

商品別売上高構成比（2021年5月期）

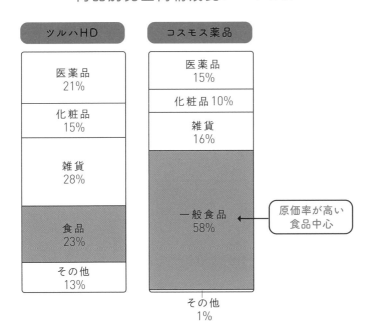

一般にドラッグストアでは、食品の原価率が高い（粗利益率が低い）ため、安い食品を目玉として集客し、医薬品や化粧品で利益を上げる構造になっているといわれます。しかし、コスモス薬品は売り上げの主軸も食品です。そのため、コスモス薬品の原価率は80％と高いのです。

　では、原価率が高いにもかかわらず、なぜコスモス薬品はツルハHDと同水準の売上高営業利益率5％を確保できているのでしょうか。

　その理由は、「ローコストオペレーション」の徹底にあります。先に述べたように、コスモス薬品の販管費率はツルハHDに比べて低くなっています。**原価率の高さを販管費率の低さでカバー**しているのです。

　ドラッグストアの販管費の多くを占めるのは人件費です。そこで、売上高に占める人件費の割合（法定福利費を除く）を試算して比較すると、**ツルハHDが10％であるのに対し、コスモス薬品では7％にとどまって**います。また、コスモス薬品では決済手数料のかかるクレジットカードやQRコード決済による支払いにもほとんど対応していません。

　コスモス薬品では、このような積み重ねによりローコスト経営を徹底し、低価格を売りにしたディスカウント業態でありながらも売上高営業利益率5％という収益性を確保しているのです。

Point

この事例のポイント！

　ここでは、総合ドラッグストアチェーンを運営するツルハHDと、食品を中心としたディスカウントドラッグストアチェーンで

あるコスモス薬品の決算書を見てきました。

　コスモス薬品が、原価率の高い食品を中心に取り扱いながらもツルハHDと同等の売上高営業利益率を確保している背景には、徹底したローコスト経営がありました。クレジット決済など、顧客の利便性を高めるサービスをあえて実施せず、人員体制も最低限に抑えて低価格を中心とした訴求に徹していることが、決算書にも表れているといえるでしょう。

薄利多売の100均業界で高い収益性を実現する仕組みとは？

利益率を上げるための店舗づくりと
オペレーションの秘訣

▸ **両社の売上高営業利益率の差が開いた理由とは？**

売上高営業利益率の推移

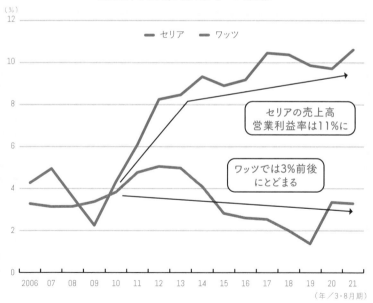

セリアの売上高
営業利益率は11%に

ワッツでは3%前後
にとどまる

※ セリアは3月決算、ワッツは8月決算

ここでは、100円ショップの決算書を見てみましょう。売上高が業界第1位のダイソー（大創産業）は非上場企業であることから、売上高業界第2位のセリア（Seria）と第4位のワッツ（Watts）を取り上げます。

　左ページの図に示すように、両社の売上高営業利益率は2010年3・8月期までは大差ありませんが、2021年3月期におけるセリアの売上高営業利益率が11％に達しているのに対し、2021年8月期におけるワッツの売上高営業利益率は3％前後にとどまっています。

　薄利多売で知られる100円ショップですが、決算書にはどのような特徴があるのでしょうか。そして、100円ショップの中でも高い収益性を誇るセリアの決算書を読み解くことで、100円ショップ事業で利益を上げるためのポイントを探っていきましょう。

100円ショップの決算書の特徴とは？

　次ページの図は、ワッツの決算書を図解したものです。

　まずB／Sから見ていきましょう。B／Sの左側（資産サイド）において最大の金額を占めているのは流動資産（160億5,000万円）です。この中には現預金（61億6,900万円）のほか、棚卸資産（74億4,400万円）が含まれています。

　また、通常の小売業においては受取手形や売掛金はほとんど計上されていないことが多いのですが、ワッツの場合には直営の100円ショップでの売り上げに加えて、**国内のフランチャイズ（FC）店や海外の取引先に対する卸売りでの商品提供による売り上げがあるため、流動資産に受取手形及び売掛金が21億5,100万円計上されています。**

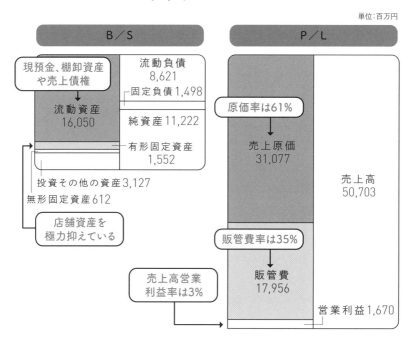

ワッツ（2021年8月期）

単位：百万円

B／S

現預金、棚卸資産
や売上債権
↓
流動資産
16,050

流動負債
8,621

固定負債 1,498

純資産 11,222

有形固定資産
1,552

投資その他の資産 3,127

無形固定資産 612

店舗資産を
極力抑えている

P／L

原価率は61%
↓
売上原価
31,077

売上高
50,703

販管費率は35%
↓
販管費
17,956

営業利益 1,670

売上高営業
利益率は3%

　一方で、**有形固定資産は15億5,200万円しか計上されておらず、総資産に占める割合は7%にとどまっています**。この理由は、店舗の多くがショッピングセンターなどのテナントであること、そして食品スーパーの一角を売り場として利用するなど、資産を極力抑えるような店舗形態で出店しているためです。

　P／Lの規模に比べてB／Sの規模が小さくなっているのは、このように店舗に関する資産を極力抑えているからです。ワッツは、小売業の中でも軽量型のビジネスモデルになっているといえます。

　なお、投資その他の資産が31億2,700万円計上されていますが、その

大半を占めているのは出店にかかわる差入保証金（22億9,000万円）になります。

次に、B／Sの右側（負債・純資産サイド）を見ていきましょう。流動負債は86億2,100万円、固定負債は14億9,800万円計上されていますが、そのうち有利子負債はそれぞれ7億2,800万円、3億9,600万円と現預金の金額（61億6,900万円）に比べて格段に少なくなっています。ワッツは実質無借金経営だといえます。一方、純資産は112億2,200万円計上されており、自己資本比率は53%となっています。

P／Lについても見ていきましょう。ワッツの売上高は507億300万円であるのに対し、売上原価は310億7,700万円で**原価率は61%**、販管費は179億5,600万円で**販管費率は35%**となっています。営業利益は16億7,000万円で、**売上高営業利益率は3%**です（四捨五入の誤差があるため、100%から原価率と販管費率を引いた数値とは一致していません）。

営業利益率2桁という高い収益性を誇るセリア

続いて、セリアの決算書を解説します（なお、セリアでは連結財務諸表を作成していないため、個別〔自社のみ〕の財務諸表です）。次ページの図はセリアの決算書を図解したものです。

まず、B／Sの左側を見てみると、流動資産が793億9,300万円と最も大きな金額になっています。そのうち大半を占めているのは現預金（535億9,300万円）で、次いで大きいのは棚卸資産（182億3,800万円）です。**セリアではワッツとは違い直営店での売り上げがほとんどであるため、売掛金はわずか3億4,100万円しか計上されていません。**

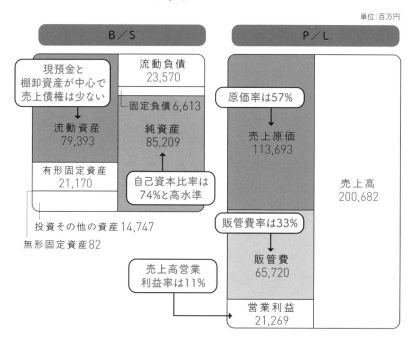

セリア（2021年3月期）

単位：百万円

B／S

- 現預金と棚卸資産が中心で売上債権は少ない
- 流動負債 23,570
- 流動資産 79,393
- 固定負債 6,613
- 純資産 85,209
- 有形固定資産 21,170
- 自己資本比率は74%と高水準
- 投資その他の資産 14,747
- 無形固定資産 82

P／L

- 原価率は57%
- 売上原価 113,693
- 売上高 200,682
- 販管費率は33%
- 販管費 65,720
- 売上高営業利益率は11%
- 営業利益 21,269

　有形固定資産の金額は211億7,000万円であり、総資産に占める割合は18%です。**セリアの場合、ワッツに比べて路面店での出店も多いため、相対的に有形固定資産の割合が大きくなっていますが、一般的な小売業の水準（30～40%）と比較すると低い水準**です。セリアの有価証券報告書によれば、路面店も含めて店舗の土地が計上されていないことから、セリアでは基本的に土地を賃借していると推測されます。こうした出店政策が有形固定資産の割合の低さにつながっているといえそうです。

　B／Sの右側においては、流動負債が235億7,000万円、固定負債が66億1,300万円計上されていますが、その中にはわずかなリース債務

を除いて有利子負債は含まれておらず、ほぼ無借金経営です。そのため、純資産は852億900万円と多く、**自己資本比率は74％と高水準に**なっています。

　続いてP／Lに目を転じてみると、売上高が2,006億8,200万円であるのに対し、売上原価は1,136億9,300万円（原価率57％）、販管費は657億2,000万円（販管費率33％）です。営業利益は212億6,900万円で、**売上高営業利益率は11％**となっています（ワッツの場合と同様に、四捨五入の誤差があるため、100％から原価率と販管費率を引いた数値とは一致していません）。

　ワッツの売上高営業利益率が3％だったことから考えると、セリアの収益性は高くなっています。また、同じく100円ショップ事業を展開するキャンドゥの2020年11月期の売上高営業利益率も2％ですから、ワッツやキャンドゥの収益性が低いというよりは、セリアの収益性が高いのだといえそうです。では、セリアが高い収益性を実現できている理由は何なのでしょうか。

セリアの原価率が低い 3 つの理由

　セリアの収益性が高い理由を、まずは原価率から探っていきましょう。

　ワッツの原価率が61％であるのに対し、セリアでは57％となっており、セリアの原価率のほうが低くなっています。 100円ショップの商品販売単価はほとんどが100円であることを考えると、原価率を引き下げるには商品の仕入単価を下げるしかありません。

　原価率をもとに単純計算すると、ワッツの商品仕入単価は61円であ

るのに対し、セリアでは57円で仕入れることができているといえます。言い換えれば、セリアでは商品を1点販売すると43円の粗利益（＝売上高－売上原価）を上げられるのに対し、ワッツでは39円の粗利益にとどまることになります。粗利益の数字で見るとわずかな差に見えるかもしれませんが、商品販売単価が低い100円ショップにとってこの差は大きいのです。

　セリアのほうが大きな粗利益を上げられている理由は3つあると推測されます。

①セリアの売上高に占める食品の割合が低いこと
②セリアの卸売比率が低く、直営店での売上割合が高いこと
③セリアの事業規模が大きく、仕入れなどにおいてスケールメリットが働くこと

　1つ目に、セリアの売上高に占める食品の割合が低いことが挙げられます。セリアの有価証券報告書によれば、セリアの売上高に占める菓子食品の割合は、2006年3月期に17％だったものが、2021年3月期には2％まで低下しています。それに対し、ワッツにおける食品の割合は6％（2021年4月28日付日本ベル投資研究所IRアナリストレポート）とされており、セリアに比べるとやや高い水準です。

　セリアにおける2021年3月期の有価証券報告書における仕入実績と販売実績から、**商品区分別の原価率を簡易的に試算してみると、雑貨が57％であるのに対し、菓子食品では75％と高く**なっています。したがって、**100円ショップの原価率を引き下げる上では、食品の割合は低いほうが有利**になります。雑貨の商品力を高めるとともに、食品の売り上げ割合を引き下げてきたことが、セリアの高い収益性に結びついてい

るといえそうです。

　2つ目の理由は、セリアの卸売比率が低く、直営店での売り上げの割合が高いことが挙げられます。**FC店などへの卸売りの場合、原価率が高くなる（粗利益率が低くなる）ため、直営店での売り上げの割合が高いほうが全体の原価率が低くなります。**

　売上高に占める直営店比率は、ワッツでは87％であるのに対し、セリアでは98％と高くなっていることから、セリアの原価率を引き下げる方向に働いていると推測されます。

　3つ目の理由は、仕入れにおけるスケールメリットの存在です。ワッツの2021年8月期の売上高が507億300万円であるのに対し、セリアの2021年3月期の売上高は2,006億8,200万円と約4倍の規模となっています。**商品の仕入れにあたっては仕入れの量が大きいほどディスカウントが利く**ことから、セリアの売上高の規模が大きいことも、原価率を引き下げることに貢献していると考えられます。

セリアの販管費率を低く抑えるための「仕組み」とは？

　次に、2社の販管費率の差についても見てみましょう。ワッツの販管費率が35％であるのに対し、セリアでは33％であり、こちらについてもセリアのほうが低くなっています。

　販管費率を引き下げるには、大きく分けてふたつの方法があります。ひとつは販売効率を上げて販管費率の分母である売上高を高めていく方法、そしてもうひとつは販管費そのものを引き下げる方法です。

セリアでは、独自の発注支援システムを導入し、品切れを防ぐとともに店頭に売れ筋商品を揃える在庫管理を行っています（2021年5月20日付日本経済新聞朝刊）。今回取り上げた両社の販売効率を見るために、商品の仕入れから販売までの期間の目安となる**棚卸資産回転期間（＝棚卸資産÷平均日商）**を試算してみると、**ワッツが54日であるのに対し、セリアでは33日と短くなっています**。これは、セリアの商品販売効率が高いことを示すデータといえます。

　店舗でかかる人件費や地代家賃は、売り上げの増減にかかわらず一定額がかかる固定費的なコストです。そのため、高い販売効率で販管費率の分母である売上高を高められれば、販管費率は低下します。これが、セリアの販管費率が低くなっている1つ目の理由です。

　そして2つ目の理由は、**前述の発注支援システムにより、パートやアルバイトでも在庫管理ができるような仕組みを構築している**ことにあります。その結果として、ワッツにおける従業員全体に占める正社員の比率が14％であるのに対し、セリアでは4％に抑えられています。

　売上高人件費率（法定福利費を除く）では、セリア、ワッツともに13％と互角に見えますが、前述のとおりセリアでは卸売りによる売り上げがほとんどないことを考えると、ここからもセリアにおける人件費効率の高さがうかがえます。

Point

この事例のポイント！

　ここでは、100円ショップ業態を展開するセリアとワッツの決算書を比較してきました。セリアでは、雑貨中心の商品構成、直

営店を主体とした営業、スケールメリット、そしてパート・アルバイトでも在庫管理が可能となる高精度な発注支援システムによる販売効率の向上を組み合わせることにより、高い収益性を実現していることがわかります。

　原材料価格の高騰や円安の進行によって、100円ショップの経営には逆風が吹いているといわれます。厳しい時代をどう勝ち残っていくのか、今後の各社の戦略に注目したいところです。

儲かる仕組みと決算書

東京エレクトロンが
半導体不況に向けて
用意した秘策

シリコン・サイクルに左右されにくい
企業体質をどうつくり出すか？

▸ **東京エレクトロンが過去2回赤字になった理由とは？**

東京エレクトロンの売上高、営業利益、売上高営業利益率の推移

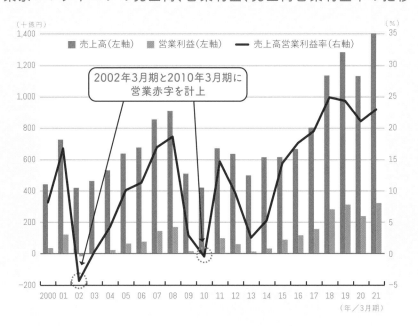

（十億円）
1,400
1,200
1,000
800
600
400
200
0
−200

（％）
35
30
25
20
15
10
5
0
−5

■ 売上高（左軸）　■ 営業利益（左軸）　— 売上高営業利益率（右軸）

2002年3月期と2010年3月期に
営業赤字を計上

2000 01 02 03 04 05 06 07 08 09 10 11 12 13 14 15 16 17 18 19 20 21
（年／3月期）

ここでは、半導体製造装置メーカーである東京エレクトロンの決算書を取り上げます。

　東京エレクトロンは、1963年にVTR（ビデオテープレコーダー）やカーラジオなどの電子機器の輸出入を行う商社として設立されました（設立当時の社名は東京エレクトロン研究所）。じつは、設立当初の東京エレクトロンは東京放送（現TBSホールディングス）の関係会社でした。2021年3月末時点においても、TBSホールディングスは東京エレクトロン株の3.83％を保有する大株主です。

　その後、東京エレクトロンは半導体製造装置事業に進出し、2020年現在では米アプライドマテリアルズ、蘭ASML、米ラムリサーチに次ぐ世界第4位の半導体製造装置メーカーとして知られています（米VLSIリサーチ調べ）。

　空前の半導体不足で半導体製造装置の販売も好調が続いていた2021年3月期において好業績を上げている東京エレクトロンですが、過去には半導体市況によって業績を大きく左右されてきました。左ページの図にも示すように、2002年3月期と2010年3月期には、営業赤字へと転落しています。

　そんな中、東京エレクトロンは市況に左右されにくい企業体質を確立するために、「ある事業」の強化を図ってきました。その事業とは何でしょうか。東京エレクトロンの決算書と過去の業績推移を読み解きながら、東京エレクトロンの戦略を探っていきましょう。

半導体不足で好業績を上げる東京エレクトロンの決算書

　右ページの図は、2021年3月期における東京エレクトロンの決算書を図解したものです。

　まず、B／Sから見ていきましょう。

　B／Sの左側（資産サイド）で最大の項目になっているのは、流動資産（1兆160億円）です。この流動資産のうち、商品及び製品が2,700億円と最大の金額を占めています。この商品及び製品に、仕掛品と原材料及び貯蔵品を加えた**棚卸資産の金額は4,150億円に上ります。この金額は、東京エレクトロンの売上高（1兆3,990億円）の108日分に相当します。**

　棚卸資産の金額が大きくなっているのには、売上高（収益）を計上するタイミングを据え付け作業完了後とする、設置完了基準を採用していることが影響していると推測されます。業界他社の状況を見ても、半導体製造装置メーカーの棚卸資産は多くなる傾向にあります。

　また、流動資産の中には、売掛金及び受取手形が1,920億円計上されています。**こちらは売上高の50日分に相当しますが、製造業全体の平均的な水準（70日前後）からするとやや短くなっています。**

　有形固定資産は1,970億円計上されています。これは、半導体製造装置を生産している工場の建物、機械、土地などを保有しているためです。

　また、投資その他の資産が1,960億円計上されていますが、その大半

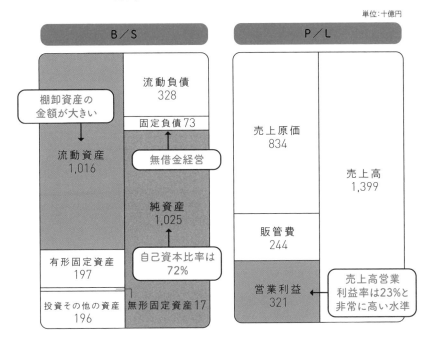

東京エレクトロン（2021年3月期）

単位：十億円

は投資有価証券（1,050億円）です。この投資有価証券について、有価証券報告書では「政策的に保有している上場株式」と記載されており、いわゆる政策保有株式などであることがわかります。

　B／Sの右側（負債・純資産サイド）には、借入金や社債などの有利子負債は計上されていません。東京エレクトロンは無借金経営です。純資産は1兆250億円で、**自己資本比率は72％となっており、安全性は非常に高いといえます。**

　続いて、P／Lに目を転じてみると、売上高が1兆3,990億円であるのに対し、売上原価が8,340億円（原価率60％）、販管費が2,440億円（販

管費率17%）となっています。**営業利益は3,210億円で、売上高営業利益率は23%と非常に高い水準**です。

　BtoB（会社対会社の取引を主とする）**メーカーとしては販管費率がやや高いように見えますが、これは研究開発費が1,370億円計上されているため**です。売上高に占める研究開発費の割合（研究開発費率）は10％となっています。

　微細化が進む半導体回路に対応するためには、半導体製造装置メーカーにも高い技術力が求められます。したがって、高い付加価値を持つ製品を製造するためには、最先端の技術開発が欠かせません。こうして培われた卓越した技術力が、東京エレクトロンの高い収益性に結びついているのです。

半導体市況に大きく左右される東京エレクトロンの業績

　無借金経営で高い収益性を誇る東京エレクトロンですが、業績がずっと順風満帆だったかというとそうではありません。

　右ページの図は、冒頭でも示した2000年3月期から2021年3月期までの東京エレクトロンの売上高、営業利益、売上高営業利益率の推移をまとめたものです。

　この期間の中で、東京エレクトロンは2002年3月期と2010年3月期の2期において営業赤字を記録しています。2002年3月期はITバブルが崩壊した時期に、2010年3月期は2008年のリーマン・ショックに端を発した世界経済危機の時期に相当します。

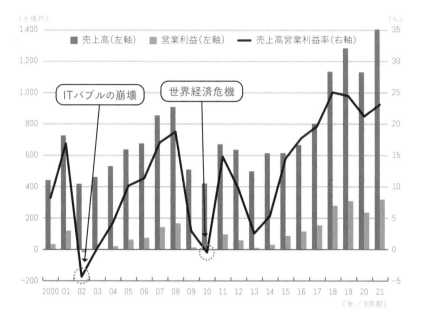

東京エレクトロンの売上高、営業利益、売上高営業利益率の推移

　いずれも半導体需要が落ち込む中で、半導体の供給能力が過剰になっ
た時期です。このような状況では、半導体メーカーが一斉に設備投資を
抑制するため、半導体製造装置メーカーの売り上げは大きく落ち込むこ
ととなります。実際、東京エレクトロンの売上高は、2001年3月期の
7,240億円から2002年3月期の4,180億円に、2008年3月期の9,060億
円から2010年3月期の4,190億円へと大きく低下しています。

　**半導体製造装置メーカーの売上高は、半導体メーカーの設備投資と連
動するため、半導体市況が悪化すると大きな業績悪化に直結してしまう
という構造的な問題を抱えている**のです。

来る半導体不況に向けて注力する「ある事業」とは?

　では、業績が半導体メーカーの設備投資に大きく影響されてしまうという、半導体製造装置メーカーが抱える問題はどうすれば解決できるのでしょうか。

　東京エレクトロンはこの問題に対し、「フィールドソリューション事業」を強化することで対応しようとしています。フィールドソリューション事業とは、販売した製造装置の改造や中古装置の販売、パーツの交換やサービスの提供などを行う、いわゆるアフターマーケットビジネ

フィールドソリューション事業の売上高の推移

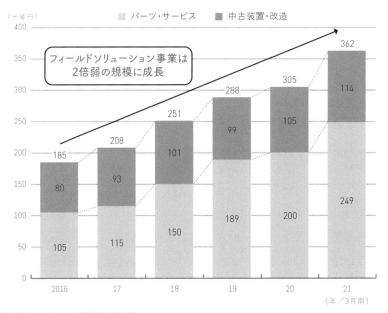

（出所）東京エレクトロン決算説明会資料

スです。

　左ページの図は、東京エレクトロンにおけるフィールドソリューション事業の売上高の推移をまとめたものです。**2016年3月期には1,850億円だった売上が、2021年3月期には3,620億円と、2倍弱の規模にまで成長している**ことがわかります。**売上高全体に占める割合は、2021年3月期で26％となっています。**

　これまでに述べてきたように、半導体製造装置の販売は半導体メーカーの設備投資に連動するため、一度半導体不況に陥ると大きく売上高を落とすことになります。一方で、**パーツの交換やサービスの売り上げはこれまでに販売した装置数との連動性が高いため、比較的安定した収益を見込むことができる**と推測されます。しかも、フィールドソリューション事業には、「新規装置に比べ研究開発投資が少ないため、利益率が高い」（2021年3月期第3四半期決算説明会　質疑応答集）というメリットもあるのです。

Point
この事例のポイント！

　半導体産業には数年周期でおこる変動の波である、いわゆる「シリコン・サイクル」があるとされ、東京エレクトロンもそうした需給変動の波によって業績を大きく左右されてきました。

　将来の半導体市況を見通すことは容易ではありませんが、東京エレクトロンは半導体市況の持つリスクに対し、安定した収益や利益が見込めるフィールドソリューション事業を拡大することで対応しようとしているといえそうです。

オービックが
「驚異の高利益率」を
実現できる理由

ITベンダーの「常識」を覆す
ビジネスモデルとは？

> **オービックの原価率はなぜ下がり続けているのでしょうか？**

原価率の推移

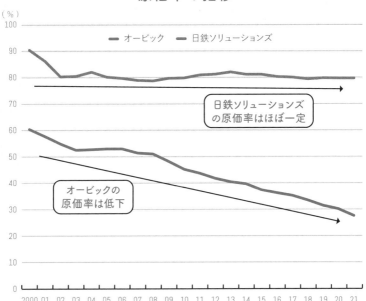

（％）

── オービック　── 日鉄ソリューションズ

日鉄ソリューションズ
の原価率はほぼ一定

オービックの
原価率は低下

2000 01 02 03 04 05 06 07 08 09 10 11 12 13 14 15 16 17 18 19 20 21

（年／3月期）

ここでは、ITベンダーである日鉄ソリューションズとオービックの決算書を比較して見てみましょう。

　日鉄ソリューションズは、旧新日本製鐵の情報通信システム部門と、システム子会社の新日鉄情報通信システム（ENICOM）を主な出自とするシステムインテグレータ（SIer）です。一方のオービックは、中小企業向けのERPパッケージ（統合基幹業務システム）である「OBIC7」や、財務会計ソフトウエア「勘定奉行」を主力製品とするソフトウエア会社です。

　左ページの図にはオービックと日鉄ソリューションズの原価率の推移をまとめていますが、**日鉄ソリューションズの原価率が80％前後で安定して推移しているのに対し、オービックの原価率は2000年3月期の60％から2021年3月期の27％までほぼ一貫して下がり続けています。**この理由は何でしょうか？

　デジタルトランスフォーメーション（DX）の進展により注目されるITベンダーですが、決算書にはどのような特徴が表れているのか、見ていきましょう。

日鉄ソリューションズに見る
SIerならではの決算書の特徴とは？

　次ページの図は、日鉄ソリューションズの決算書を図解したものです。**B／Sの左側（資産サイド）において最大の金額が計上されているのは、流動資産（1,720億円）です。**流動資産の内訳を見てみると、金額の大きい順に預け金（740億円）、受取手形及び売掛金（610億円）、仕掛品（280億円）となっています。

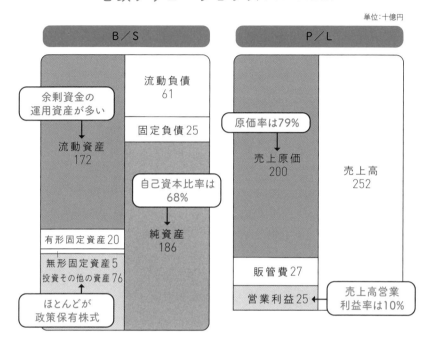

日鉄ソリューションズ（2021年3月期）

単位：十億円

B／S

余剰資金の
運用資産が多い

流動資産
172

流動負債
61

固定負債 25

自己資本比率は
68%

純資産
186

有形固定資産 20

無形固定資産 5
投資その他の資産 76

ほとんどが
政策保有株式

P／L

原価率は79%

売上原価
200

売上高
252

販管費 27

営業利益 25

売上高営業
利益率は10%

　預け金について、有価証券報告書では「資金運用方針に従い、親会社に対して、預け入れを行っているもの」とされているため、余剰資金の運用にかかわる資産であることがわかります。それ以外については、売上債権（受取手形及び売掛金）や在庫（仕掛品）といった営業系の資産などで占められています。

　次いで金額が大きいのは、投資その他の資産（760億円）です。このほとんどを占めているのは、投資有価証券（650億円）であり、こちらも有価証券報告書を見ると「主に取引先企業との業務又は資本提携等に関連する株式」と記載されています。いわゆる政策保有株式です。

日鉄ソリューションズの資産におけるもうひとつの特徴は、**総資産に占める有形固定資産（200億円）の割合が7％と小さい**ことです。同社の主な有形固定資産はデータセンターや本社の建物や工具器具備品、土地といったもので、工場を抱えるメーカーなどに比べると有形固定資産の規模は小さくなっています。

　つまり、**SIerの主な必要資産は売上債権や在庫といった営業系の資産であり、本来であればP／Lの規模に比べてB／Sの規模はかなり小さくなる**はずです。それにもかかわらず日鉄ソリューションズのB／SがP／Lに比べて大きくなっているのは、**多額の余剰資金の運用にかかわる資産や政策保有株式を保有しているため**です。

　こうした現金化しやすい資産を多く保有するキャッシュリッチな会社に対しては、投資ファンドなどから余剰資金を株主還元に回すよう求められることがあります。実際、日鉄ソリューションズに対しては、2021年5月にイギリスのアクティビストであるアセット・バリュー・インベスターズから、増配と政策保有株式の処分を原資とした自社株買いを求める株主提案が出されています（この株主提案は同年6月開催の株主総会で否決されました）。

　B／Sの右側（負債・純資産サイド）を見てみると、純資産が1,860億円となっており、**自己資本比率は68％と高水準**です。負債の中身を見てみると、少額のリース負債は計上されているものの、借入金や社債といった有利子負債は見当たりません。日鉄ソリューションズは実質無借金経営を行っているといえます。

　続いて、P／Lに目を移してみましょう。売上高が2,520億円であるのに対し、**売上原価は2,000億円（原価率79％）、販管費は270億円（販**

管費率11％）となっており、コストの多くを占めているのは売上原価であることがわかります。この売上原価の内訳については、後ほどオービックと比較しながら見ていくことにしましょう。営業利益は250億円で、**売上高営業利益率は10％**を確保しています。

売上高営業利益率57％を誇るオービックの決算書

続いて、オービックの決算書を見てみましょう（右ページ）。

B／Sには、日鉄ソリューションズとよく似た特徴が表れています。**B／Sの左側で最大の金額が計上されているのは流動資産（1,630億円）であり、そのほとんどが現預金（1,510億円）で占められています。**また、投資その他の資産（790億円）のほとんどは投資有価証券（750億円）です。

この投資有価証券は、有価証券報告書によると「運転資金を除く余剰資金の運用」とされており、手元資金に準ずる資産です。**日鉄ソリューションズに比べると、売上債権や在庫の占める割合が低いため、多額の手元資金がより目立つ資産構成となっています。**オービックのP／Lに対するB／Sの規模が3倍以上と大きくなっているのは、この多額の手元資金が原因です。

B／Sにおける**負債の割合は日鉄ソリューションズに比べても低く、自己資本比率は89％と極めて高い水準**です。負債の中には有利子負債は計上されておらず、無借金経営であることがわかります。

また、P／Lを見てみると、売上高が840億円であるのに対し、**売上原価が230億円（原価率27％）、販管費が130億円（販管費率15％）であり、営業利益は480億円**となっています。**売上高営業利益率は57％**で、収

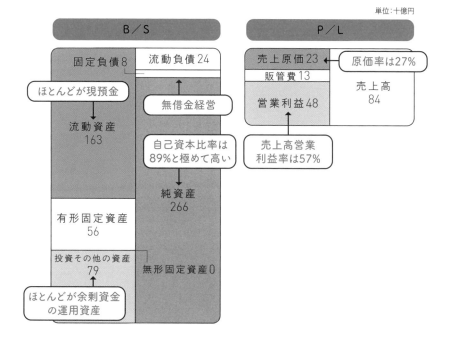

オービック（2021年3月期）

単位：十億円

B／S

固定負債8	流動負債24
ほとんどが現預金	
	無借金経営
流動資産 163	
	自己資本比率は 89%と極めて高い
	純資産 266
有形固定資産 56	
投資その他の資産 79	無形固定資産0
ほとんどが余剰資金 の運用資産	

P／L

売上原価23	原価率は27%
販管費13	売上高 84
営業利益48	
	売上高営業 利益率は57%

益性は極めて高くなっています。

　オービックは2021年3月期まで27期連続の営業増益を達成しており、過去に上げた大きな利益を内部留保してきたことが、先に述べた高い自己資本比率につながっています。

　では、オービックが高い収益性を実現できている理由はどこにあるのでしょうか。

　冒頭でも触れたように、日鉄ソリューションズとの比較では原価率に大きな違いがあります。これが収益性に大きな差を生み出している要因

です。**日鉄ソリューションズの原価率は79%であるのに対し、オービックでは27%となっており、その差は52ポイントもあります。**なぜ両社の間で原価率にこんなにも差が生まれているのでしょうか。

原価率の差を生み出しているカギはどこにあるのか?

その原因を探るためには、売上原価の内訳を見る必要があります。ただし、連結（グループ全体）の決算書には売上原価の明細は記載されておらず、個別（自社のみ）の決算書にしか記載されていません。

しかし、日鉄ソリューションズとオービックの売上高の連単倍率（＝連結売上高÷単体売上高）はそれぞれ1.16倍、1.12倍と低いことから、個別の売上原価を用いても大まかな傾向は把握できます。そこで、ここでは個別での売上原価（当期総製造費用）の内訳（右ページ）を見ることで、日鉄ソリューションズとオービックのビジネスモデルの違いを分析してみましょう。

まず日鉄ソリューションズのほうから見ていきます。**日鉄ソリューションズの売上原価において最大の割合を占めているのは、外注費**（当期総製造費用の50%）です。このような原価構成となっている理由は、IT業界における仕事の分担の仕組みにあります。

IT業界では、大手SIerが「元請け」となって顧客の仕事を受注し、それを下請け、孫請けの業者に割り振っていくという構造となっています。大手SIerは建設業におけるゼネコンのような立ち位置なのです。そのため、大手SIerの一角を占める日鉄ソリューションズの売上原価においては、外注費の割合が高くなるのです。

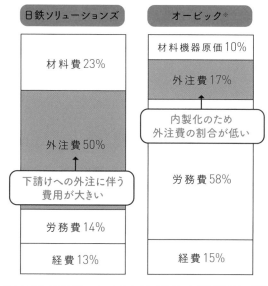

売上原価明細（当期総製造費用）の比較（2021年3月期個別）

日鉄ソリューションズ

- 材料費23%
- 外注費50%
- 労務費14%
- 経費13%

下請けへの外注に伴う費用が大きい

オービック※

- 材料機器原価10%
- 外注費17%
- 労務費58%
- 経費15%

内製化のため外注費の割合が低い

※ システムインテグレーションとシステムサポートを単純合計して試算

オービックが高い利益率を実現できている理由とは？

　一方、**オービックでは外注費の割合は17％と低くなっています**。これは、自前主義にこだわりシステム開発を内製化しているためです（オービックの外注費のほとんどはシステムサポート売上原価に計上されています）。

　その分労務費がかかっているように見えますが、じつはそうではありません。そもそもの原価率が低いため、オービックの労務費率（＝労務費÷売上高）は14％で、日鉄ソリューションズの労務費率（12％）と比べてもそれほど高い水準ではないのです。

　このように**売上原価を抑えることができているのは、ERPパッケー**

ジのカスタマイズを可能な限り減らしているためです（2019年11月27日付日本経済新聞朝刊）。カスタマイズを減らすことは、顧客企業に対してふたつの効果をもたらしています。

　ひとつは、開発期間が短くなるためにシステムの稼働までの期間を短くできること、もうひとつは、カスタマイズにかかるコストを下げられることです。

　特に2つ目の効果については、オービックのコスト構造にも大きな影響を及ぼしています。カスタマイズコストは、ITベンダーにとっては売上高に連動する変動費的なコストです。これを極力抑えるということは、オービックのコスト構造が固定費型になることを意味します。

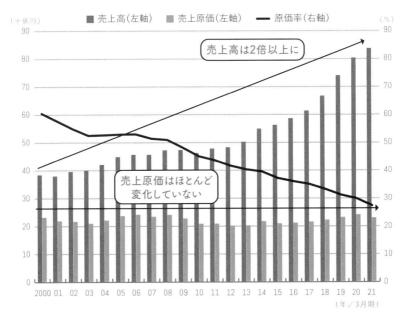

オービックの売上高、売上原価、原価率の推移

オービックの売上高、売上原価、原価率の推移を見てみましょう（左ページ）。この間、**オービックの売上高は2000年3月期の380億円から2021年3月期の840億円へと2倍以上に成長していますが、売上原価はどちらにおいても230億円でほとんど変化していません。**原価率の分母が2倍以上になる一方で分子が変わらないわけですから、原価率は2分の1以下にまで下がります。これが、オービックの原価率が低下し続けてきた理由なのです。

　固定費型の企業の場合、売上高が損益分岐点（損益が均衡するライン）を超えると利益が大きく増加します。そのため、オービックの売上高営業利益率は非常に高くなっているのです。

Point

この事例のポイント！

　ここでは、ITベンダーである日鉄ソリューションズとオービックの決算書を比較してきました。

　両社のB／SにはITベンダーに共通する特徴が見られる一方で、SIerである日鉄ソリューションズと、ERPパッケージを主力製品とするオービックの間ではP／Lにおけるコスト構造に大きな差が生まれていました。オービックは製品のカスタマイズを極力排除し、コスト構造を固定費型とすることで、非常に高い利益率を実現していたのです。

ニトリHDの収益性と在庫回転効率が高い理由

顧客満足度と収益性・効率性を
両立させるための方法とは？

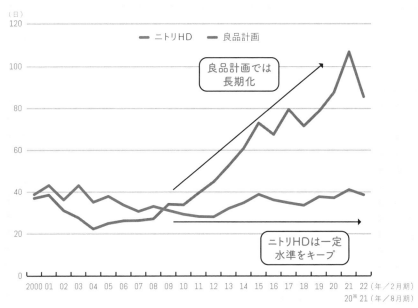

▸ 両社の棚卸資産回転期間の差が開いた理由とは？

棚卸資産回転期間の推移

― ニトリHD ― 良品計画

良品計画では
長期化

ニトリHDは一定
水準をキープ

（日）

2000 01 02 03 04 05 06 07 08 09 10 11 12 13 14 15 16 17 18 19 20 21 22（年／2月期）
　　　　　　　　　　　　　　　　　　　　　　　20* 21（年／8月期）

※ 良品計画は2020年より8月期決算に移行（2020年8月期は決算月数6カ月の変則決算）

　ここでは、雑貨や家具を取り扱うSPA（製造小売）企業の良品計画と、ニトリホールディングス（以下、ニトリHD）の決算書を見ていきましょう。

　左ページのグラフは、両社の棚卸資産回転期間（＝棚卸資産÷平均日商、棚卸資産〔在庫〕が売上高の何日分に相当するかを示す指標）の推移をまとめたものですが、これによれば、**2010年2月期以降、良品計画の棚卸資産回転期間が長期化する一方、ニトリHDの棚卸資産回転期間は一定水準をキープしています。**そこで、ここでは両社の棚卸資産回転期間に差が開いた理由について探っていきます。

　また、ニトリHDが2021年1月にホームセンターやインテリア専門店を運営する島忠を買収して連結子会社化（同5月に完全子会社化）したことによる業績への影響についても見ていきましょう。

コロナ禍の苦境をいったん脱した良品計画の決算書

　次ページの図は、良品計画の2021年8月期の決算書を図解したものです。B／Sから見ていきます。**B／Sの左側（資産サイド）で最も大きいのは、流動資産（2,690億円）です。**ここには、現預金が1,360億円計上されているほか、棚卸資産（在庫）が1,060億円計上されています。この**棚卸資産の金額は、売上高の86日分に相当します。**この点については、後ほど詳しく見ていくことにしましょう。

　次いで大きいのは、有形固定資産（670億円）です。ここには、国内外で展開する店舗に加えて、物流センターにかかわる有形固定資産などが計上されていますが、**土地をほとんど保有していないこともあって、総資産に占める有形固定資産の割合は17％とそれほど高くはありません。**

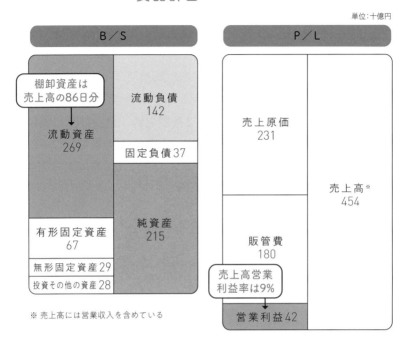

良品計画（2021年8月期）

単位：十億円

B／S

流動資産 269

棚卸資産は売上高の86日分

有形固定資産 67

無形固定資産 29

投資その他の資産 28

流動負債 142

固定負債 37

純資産 215

※ 売上高には営業収入を含めている

P／L

売上原価 231

売上高※ 454

販管費 180

売上高営業利益率は9％

営業利益 42

　B／Sの右側（負債・純資産サイド）には、流動負債が1,420億円、固定負債が370億円計上されており、それぞれに借入金が720億円、50億円含まれています。純資産は2,150億円で、自己資本比率は55％という水準です。

　続いて、P／Lを見ていきます。売上高（営業収入を含む）が4,540億円であるのに対し、売上原価は2,310億円で原価率は51％、販管費は1,800億円で販管費率は40％となっています。営業利益は420億円計上されており、**売上高営業利益率は9％**です。

　コロナ禍となって初めて迎えた決算期である2020年8月期（2月期か

ら8月期への決算期の変更があったため、6カ月の変則決算）には、営業利益は
わずか9億円で、売上高営業利益率は0.5％でした。これを踏まえると、
2021年8月期にはコロナ禍における苦境をいったん脱したといってよ
いでしょう。

島忠買収後も好調を維持するニトリHD

　続いて、ニトリHDについても見ていきましょう。下の図は、ニトリ
HDの2022年2月期の決算書を図解したものです。

　こちらもB／Sから見ていきましょう。**ニトリHDにおけるB／Sの左**

ニトリHD（2022年2月期）

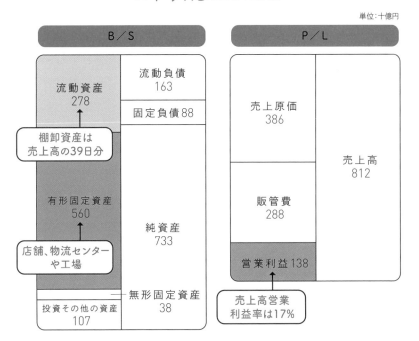

側で最大の金額を占めているのは、有形固定資産（5,600億円）です。ここには、国内の店舗や物流センターに加えて、ベトナムに保有する家具製造工場、中国や台湾の店舗にかかわる資産が計上されています。**店舗規模が大きいのに加え、良品計画とは違って店舗などの土地も自社保有しているケースが多いため、ニトリHDの有形固定資産は総資産の57%と大きくなっています。**

　続いて大きいのは、流動資産（2,780億円）です。ここには、現預金が1,300億円、棚卸資産が860億円計上されています。この棚卸資産の金額は、売上高の39日分に相当します。**良品計画の棚卸資産が売上高の86日分だったことを考えると、両社の在庫水準には大きな差がある**といえます。また、無形固定資産が380億円計上されていますが、この大半は島忠の買収に伴って計上されたのれん220億円です。

　B／Sの右側には流動負債が1,630億円、固定負債が880億円計上されており、それぞれに借入金が350億円、500億円含まれています。**島忠の買収や設備投資などに必要な資金を、借入金によってカバーしている**状況がうかがえます。

　続いてP／Lを見ていきましょう。売上高が8,120億円であるのに対し、売上原価が3,860億円（原価率48%）、販管費が2,880億円（販管費率35%）となっています。営業利益は1,380億円で、**売上高営業利益率は17%**です。

　2021年2月期（島忠のP／Lは非連結）のニトリHDにおける売上高は7,170億円で、それと比べると950億円の増収となっています。2022年2月期の島忠事業の売上高は1,370億円であることから、**増収の主な要因は島忠の買収**であることがわかります。ニトリ事業自体は、420億円

の減収です。

　島忠事業の2022年3月期における売上高営業利益率は2%にすぎませんが、連結での売上高営業利益率は2020年2月期で17%、2021年2月期では19%であったことを踏まえると、**島忠の買収後もニトリHD全体としての売上高営業利益率は買収前と比べて遜色のない高い水準にある**といえます。

　今後は、島忠事業にニトリ事業の経営ノウハウを導入することで、どれだけ島忠事業の収益性を高めていけるかが、ニトリHDの業績を左右するといえそうです。

良品計画とニトリHDの収益性に差がある理由

　ここまで見てきたように、**良品計画の売上高営業利益率が9%であるのに対し、ニトリHDでは17%と双方の利益率には差が生まれています**。その理由を探るために、両社のコスト構造について分析してみましょう。

　SPA型のビジネスモデルを採用する企業では、卸に対するマージンが発生しないこともあって原価率が低くなる傾向にあります。

　小売業の一般的な原価率が60～70%程度であるのに対し、良品計画の原価率は51%、ニトリHDでは48%となっています。いずれも原価率は一般的な小売業の水準よりも低いといえますが、良品計画のほうがやや高くなっています。

　ニトリHDの売上高規模が良品計画の1.8倍と大きいこと、また、ニ

トリHDでは家具の製造を一部自社工場で行っているのに対し、良品計画では生産拠点を保有せず、商品製造のすべてをサプライヤーに委託していることなどが影響していると推測されます。

　また、販管費率は、良品計画では40%、ニトリHDでは35%となっており、両社の間には5ポイントの差がついています。そこで、販管費の内訳を両社で比較してみましょう。

　下の図によると、**良品計画における借地借家料（ニトリHDでは賃借料）、配送・運搬費（同発送配達費）の販管費に占める割合が高い**ことがわかります。売上高に対する比率で見ても、借地借家料と配送・運搬費の合計が占める割合は、良品計画のほうがニトリHDよりも5ポイント高く

販売費及び一般管理費―内訳の比較

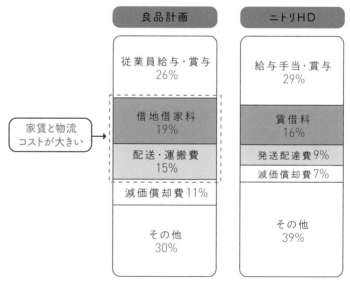

良品計画	ニトリHD
従業員給与・賞与 26%	給与手当・賞与 29%
借地借家料 19%	賃借料 16%
配送・運搬費 15%	発送配達費9%
	減価償却費7%
減価償却費11%	
その他 30%	その他 39%

家賃と物流コストが大きい →

※ 良品計画は2021年8月期、ニトリHDは2022年2月期

なっています。**店舗家賃と物流コストが、両社の販管費の差を生み出している主な要因である**といえます。

ニトリHDの棚卸資産回転期間はなぜ短いのか?

　また、冒頭でも触れたように良品計画とニトリHDの間には「在庫水準」にも差があります。

　棚卸資産(在庫)が売上高の何日分に相当するかを示す棚卸資産回転期間(=棚卸資産÷平均日商)を見てみると、**良品計画(2021年8月期)が86日**だったのに対し、**ニトリHD(2022年2月期)は39日**でした。両社の数値には倍以上の開きがあります。

　なお、棚卸資産回転期間は、在庫が販売されるまでの期間の目安となります(棚卸資産回転期間の分母を1日あたり売上原価とする方法もありますが、ここでは平均日商を用いて試算しています)。

　なぜ、ここまで大きな差が開いてしまったのでしょうか。あらためて、冒頭で取り上げた棚卸資産回転期間の推移を見てみましょう。

　次ページのグラフによれば、2010年2月期ごろまでは両社の棚卸資産回転期間の数値には大きな差はなく、30〜35日前後の水準で推移していました。

　しかしながら、その後も**同程度の水準を維持しているニトリHDに対し、良品計画の棚卸資産回転期間は長期化**してきており、2021年8月期には86日となっています。

棚卸資産回転期間の推移

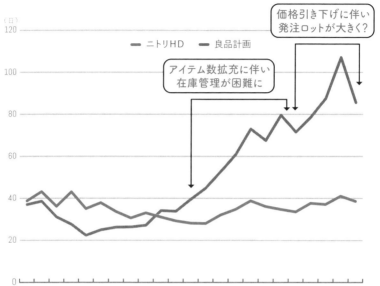

価格引き下げに伴い
発注ロットが大きく？

アイテム数拡充に伴い
在庫管理が困難に

※ 良品計画は2020年より8月期決算に移行（2020年8月期は決算月数6カ月の変則決算）

　良品計画では、2012年2月期ごろから売り上げ規模を拡大するためにアイテム数の拡充を行ってきましたが、それに伴って在庫管理が難しくなってきたと指摘されています（2020年11月20日付日経MJ）。また、2018年2月期ごろから主力商品の価格引き下げを継続的に行っており、これに伴って発注ロットが大きくなってきている可能性があります。こうした点も、棚卸資産回転期間の長期化に影響していると推測されます。

　ただ、そもそもSPAを採用する企業では、企画・生産から自社が関与するために在庫コントロールが相対的に難しく、棚卸資産回転期間が

長期化する傾向にあるといわれます。実際、SPAの代表格である、ユニクロなどを運営するファーストリテイリングでも2021年8月期の棚卸資産回転期間は68日です。そうした観点からすれば、むしろニトリHDの棚卸資産回転期間が、SPAとしては非常に短いといったほうがいいかもしれません。

　なぜ、ニトリHDの棚卸資産回転期間は短いのでしょうか。その理由のひとつには、**生産拠点や物流拠点を自社で保有し、効率的な生産・物流体制を構築してきた**ことが挙げられるでしょう。

　前出の日経MJの記事によれば、ニトリHDはSPAをさらに深めた「製造物流IT小売業」を自認しているといいます。また、2020年11月20日付の日本経済新聞朝刊によれば、（2026年ごろまでの）5年間で国内の物流施設やシステムに対し最大で2,000億円を投資し、全国に自社物流センターを新設する予定で、物流センターと店舗の在庫情報を一元化する計画だとされています。2022年2月期の有価証券報告書においても、北海道、埼玉県、愛知県、兵庫県に物流センターを新設する計画が記載されています。**こうした取り組みが、物流コストの削減や、棚卸資産回転期間の短縮に貢献している**と推測されます。

　また、発注頻度の低い商品については顧客への納期を長めに設定することで、受注生産に近い形となっていることも、棚卸資産回転期間の短縮につながっている可能性があります。納期の長期化は顧客満足度を低下させる要因になりますが、こうした施策をとることができるのは、**ニトリHDの価格と商品がニーズにマッチしており、比較的長い納期であっても消費者から受け入れられている**からではないでしょうか。

　このように在庫を最適化するメリットは主にふたつあります。ひとつ

は、**売れ残った在庫を値下げして処分する必要がないため、原価率の上昇を抑えることができる**（粗利益率を高くできる）こと、そしてもうひとつは**在庫に投じる資金が少なくて済むため、資金効率の向上につながる**ことです。

　ニトリHDでは、店舗や物流センター、工場を保有しているために有形固定資産が大きくなっていますが、その分棚卸資産を圧縮することで資金効率をカバーするとともに、原価率や販管費率を低い水準に抑えて高い収益性を確保するというビジネスモデルを構築しているといえます。

Point

この事例のポイント！

　ここでは、良品計画とニトリHDの決算書を比較して見てきました。両社の間には、出店戦略やコスト構造、そして物流に対する取り組みに違いがあり、それが決算書の差につながっていることが読み取れました。

　良品計画が自社の課題をどう解決していくのか、そしてニトリHDは島忠事業の収益性をどう高めていくのかが、今後の両社の業績を占う上でのカギとなりそうです。

Chapter

3

グローバル経営と決算書

中外製薬の収益性が ずば抜けて高い ふたつの理由

新薬メーカーの決算書の特徴と
国際分業

> **中外製薬の売上高営業利益率が急上昇した理由とは?**

売上高営業利益率の推移

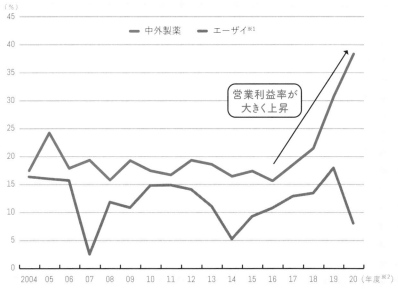

（％）

— 中外製薬　— エーザイ※1

営業利益率が
大きく上昇

2004 05 06 07 08 09 10 11 12 13 14 15 16 17 18 19 20（年度※2）

※1 エーザイの売上高営業利益率を計算するにあたっては売上収益にその他の収益を加えたものを分母としている
※2 中外製薬は同年12月決算、エーザイは翌年3月決算。中外製薬は2012年12月期から、エーザイは2013年3月
期よりIFRSのデータを使用

Chapter 3では、さまざまな形でグローバル経営を展開している会社のビジネスモデルと決算書を解説します。グローバル経営の成果が決算にどのように表れているのかを見ていきましょう。

Chapter 3の最初のケースとして取り上げるのは、新薬主体の医薬品メーカーである中外製薬とエーザイです。大型新薬の開発が生命線の医薬品メーカーにあっては、新薬開発力が競争上のカギとなります。

国内医薬品メーカーの株式時価総額では武田薬品工業が長くトップの座にありましたが、2020年2月には中外製薬が逆転し一時トップに立ちました。また、中外製薬は新型コロナウイルス向けの治療薬として2021年7月に厚生労働省から特例承認された「抗体カクテル療法『ロナプリーブ点滴静注セット』」を販売することでも注目を集めました。

左ページの図は、中外製薬とエーザイの売上高営業利益率の推移をまとめたものです。これによれば、エーザイの売上高営業利益率が概ね5～15％前後で推移しているのに対し、中外製薬の売上高営業利益率は2016年12月期以降大きく上昇し、2020年12月期には38％にまで到達しています。このような**高い収益性が中外製薬の株式時価総額を支える要因のひとつ**であるといえるでしょう。

それでは、中外製薬の収益性が急上昇した理由は何でしょうか。両社の決算書から読み解いていきましょう。

エーザイの決算書の特徴は？

次ページの図は、エーザイのB／SとP／Lを図解したものです。

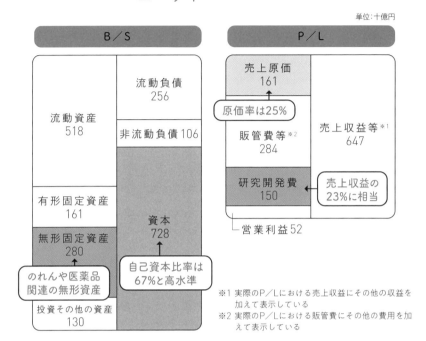

エーザイ（2021年3月期）

単位：十億円

B／S

流動資産
518

流動負債
256

非流動負債 106

有形固定資産
161

無形固定資産
280

のれんや医薬品
関連の無形資産

投資その他の資産
130

資本
728

自己資本比率は
67%と高水準

P／L

売上原価
161

原価率は25%

販管費等 ※2
284

研究開発費
150

売上収益等 ※1
647

売上収益の
23%に相当

営業利益 52

※1 実際のP／Lにおける売上収益にその他の収益を
　　加えて表示している
※2 実際のP／Lにおける販管費にその他の費用を加
　　えて表示している

　まず、P／Lのほうから見ていきましょう。同社の売上収益等（その他
の収益を含む）が6,470億円であるのに対し、売上原価は1,610億円と
なっており、**原価率は25％と低水準**です。

　新薬主体の製薬メーカーの場合、新薬を特許により独占的に生産する
ことができるため、薬価は高く設定されます。そのため、**新薬の原価率
は非常に低くなります**。医薬品メーカーの生命線が大型新薬の開発の成
否にかかっているのは、こうした理由があるからです。

　その一方で、新薬特許の有効期限は出願から20年程度とされていま
す。特許切れ医薬品には薬価の低いジェネリック医薬品（後発医薬品）が

登場するため、**大型新薬が特許切れを迎えると、医薬品メーカーの収益性は大きく低下してしまう**リスクを抱えています。医薬品メーカーの業績を見る際には、こうした点に注意しなければなりません。

　そして、新薬をつくり出す原動力となっているのは、研究開発です。エーザイでは、1,500億円の研究開発費が計上されています。これは、**売上収益の23％に相当する金額が研究開発に投じられている**ことを意味します。新薬を主体とする医薬品メーカーとしては、一般的な水準です。

　また、エーザイの販管費等（その他の費用を含む）は2,840億円計上されています（販管費率44％）。ここには、MR（医薬情報担当者）と呼ばれる病院向けの営業担当者の人件費のほか、ドラッグストアなどで販売される一般用医薬品（大衆薬）の広告宣伝費や販売促進費が含まれているものと推測されます。

　そして、営業利益としては520億円が計上されています。売上高営業利益率は8％です。2020年3月期の売上高営業利益率が18％であったことからすれば、収益性はかなり低下しています。エーザイの有価証券報告書によれば、**薬価改定などにより売上収益が減収となったこと、そして販管費ならびに研究開発費が増加したことが減益の原因**とされています。

　エーザイがこれまでに上げてきた利益は、内部留保として利益剰余金に積み上がり、B／Sの右側（負債・純資産サイド）に計上されている資本（純資産に相当）を分厚いものにしています。その結果として、**エーザイの自己資本比率は67％と高い水準**にあります。

また、B／Sの左側（資産サイド）を見てみると、有形固定資産が1,610億円、無形固定資産（B／Sにおけるのれんと無形資産の合計）が2,800億円計上されています。

　医薬品メーカーでは、通常は大規模な生産設備を必要としないため、有形固定資産の金額はそれほど大きくならないことが一般的です。

　一方、**無形固定資産に関しては、主に米モルフォテック、MGIファーマを買収した際に生じたのれんが計上されているほか、医薬品の研究開発や販売権にかかわる無形資産が計上されています**（買収によってのれんが計上されるメカニズムについては、Chapter 1の23〜24ページも参照してください）。日本の会計基準では自社で開発した医薬品の研究開発費を資産として計上することは認められていませんが、エーザイが採用するIFRS（国際財務報告基準）の場合には、一定の基準を満たしたものについては資産計上することが認められています。

中外製薬の決算書に見られる違い

　続いて、中外製薬のB／SとP／Lを見てみましょう（右ページ）。

　中外製薬の決算書における最大の特徴は、その高い収益性にあります。

　売上収益7,870億円に対して、売上原価は2,730億円となっており、**原価率は35％と、エーザイの25％に対して10ポイントほど高く**なっています。しかしながら、販管費等は940億円で販管費率は12％（エーザイでは44％）、売上収益に占める研究開発費の比率は15％（同23％）となっており、**販管費と研究開発費を低く抑えることに成功**しています。

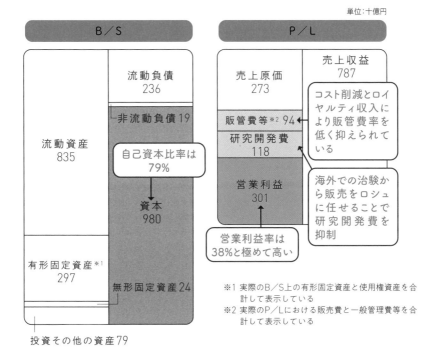

中外製薬（2020年12月期）

単位：十億円

B／S

	流動負債 236
流動資産 835	非流動負債 19
	自己資本比率は 79%
	資本 980
有形固定資産※1 297	
	無形固定資産24

投資その他の資産79

P／L

売上原価 273	売上収益 787
	コスト削減とロイヤルティ収入により販管費率を低く抑えられている
販管費等※2 94	
研究開発費 118	
	海外での治験から販売をロシュに任せることで研究開発費を抑制
営業利益 301	

営業利益率は38%と極めて高い

※1 実際のB／S上の有形固定資産と使用権資産を合計して表示している
※2 実際のP／Lにおける販売費と一般管理費等を合計して表示している

　その結果として、**エーザイの売上高営業利益率が8%であったのに対し、中外製薬の売上高営業利益率は38%と極めて高い水準をたたき出している**のです。自己資本比率が79％と非常に高いのは、こうして上げてきた利益を内部留保してきたためです。

　中外製薬がここまで高い利益率を実現している理由は何なのでしょうか？

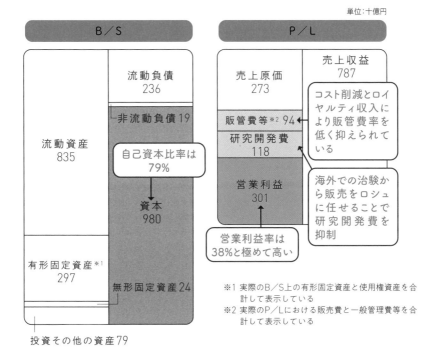

中外製薬が高い収益性を実現しているふたつの理由

　中外製薬が高い利益率を実現しているポイントは、海外製薬メーカーとの資本提携と、それに伴う創薬事業への集中にあります。順を追って解説していきましょう。

　2002年、中外製薬はスイスの製薬大手であるロシュと資本提携を行いました。ロシュは売上高世界ナンバーワンの製薬会社であり、2020年12月末において中外製薬のおよそ61％の株式を保有する親会社でもあります。

　ロシュが開発した新薬については、日本市場では中外製薬が優先して開発・販売を行うことができる権利（第一選択権）を持っています。これにより、**中外製薬はロシュが開発した新薬を日本で独占販売できるため、それが安定的な収益基盤となっている**のです。

　冒頭で述べた「抗体カクテル療法」も、米リジェネロンがつくった新薬ですが、ロシュが共同で製造、開発、販売を実施することとされているため、中外製薬が日本国内での開発と販売を独占して行うことになっています。

　そうして得られた資金を、中外製薬では研究開発、特に有効性物質の探索などの基礎的な研究などに集中させています。 新薬を開発する際には、基礎的な研究のほか、大規模な治験や当局からの承認、発売後の調査などのフェーズが必要となりますが、こうしたフェーズにかかるコストは研究開発費の6〜8割を占めています。中外製薬では、自社開発の医薬品を海外展開する際に、その治験から販売までをロシュに任せるこ

とで、研究開発費を抑制しているのです（2021年5月26日付日本経済新聞朝刊）。

　ロシュとの提携を通じて創薬に集中することで、中外製薬は画期的な新薬をつくり出すことに成功しています。

　その新薬の代表例は、肺がん治療薬の「アレセンサ」、血友病Ａ治療薬の「ヘムライブラ」、そして関節リウマチ治療薬の「アクテムラ」です。アクテムラは、2021年1月にイギリスのジョンソン首相（当時）が新型コロナウイルス感染症の治療に有効だと発表したことでも注目を集めました。

　こうした自社開発の医薬品とロシュからの導入品という競争力のある医薬品を展開することで、中外製薬は売上高と利益を伸ばしてきたのです。

販管費率が低い背景にある海外売上高比率の上昇

　高い利益率の背景を読み解くもうひとつのポイントは、販管費率が低いことにあります。これには、コスト削減を徹底していることなどが貢献しています。

　加えて、中外製薬の海外売上高比率が上がっていることの影響も非常に大きいといえます。

　先に述べた自社開発の医薬品である「アレセンサ」「ヘムライブラ」「アクテムラ」が、グローバルで売れているのです。それに伴って、**中外製薬の海外売上高比率は2015年12月期の22%から2020年12月期には**

47%へと増加しています。

　ロシュを通じて自社製品を海外で販売した際に得られるロイヤルティ収入には基本的に販管費がかからないため、**ロイヤルティ収入が増加すると、結果として販管費率は低下します。**これが、中外製薬において販管費率が低く抑えられている理由です。

　ロシュからの導入品が増加することで、中外製薬の原価率は通常の新薬主体の医薬品メーカーに比べて高くなっていますが、それ以上に研究開発費率や販管費率を低く抑えることができているため、中外製薬の売上高営業利益率は非常に高い水準を達成しているのです。

　以上のようにして収益性と成長性を高めてきたことが、国内製薬企業の中で中外製薬が株式時価総額のトップに立った理由だといえます。

Point

この事例のポイント！

　ここでは、新薬を主力製品とする医薬品メーカーであるエーザイと中外製薬の決算書について解説してきました。

　エーザイの決算書には、多額の研究開発費を投入して薬価の高い新薬を開発することで原価率を低く抑え、MRの人件費をはじめとした販管費をかけながらも利益を確保するという、新薬を主体とした医薬品メーカーの特徴が色濃く表れていました。

　一方、ロシュと提携した中外製薬の場合、研究開発を創薬部分に集中させることで研究開発費や販管費を低く抑え、高い利益率

を実現していました。

　中外製薬の奥田修代表取締役社長は、2030年に向けた新成長戦略「TOPⅠ（トップアイ）2030」において、「2030年にはR&Dのアウトプットを倍増して、毎年1個の自社グローバル製品を上市」することを目標にしていると述べています。このような目標を達成できるかどうかが、中外製薬が今後も高い収益性と成長性を実現していくためのカギであるといえそうです。

アサヒ・キリン・サッポロ、ビール会社の戦略の違いとは?

無形固定資産に見る
グローバル化との「付き合い方」

なぜ無形固定資産の金額に差が生まれているのでしょうか?

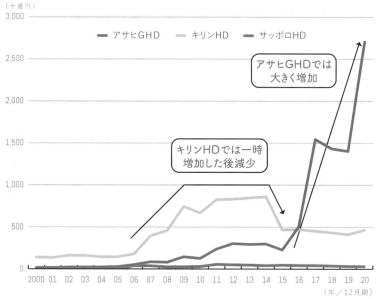

無形固定資産の推移

（十億円）

- アサヒGHD
- キリンHD
- サッポロHD

アサヒGHDでは大きく増加

キリンHDでは一時増加した後減少

2000 01 02 03 04 05 06 07 08 09 10 11 12 13 14 15 16 17 18 19 20
（年／12月期）

※ アサヒGHDは2015年12月期、キリンHDは2016年12月期、サッポロHDは2017年12月期よりIFRSのデータを使用

　ここでは、アサヒグループホールディングス（以下、アサヒGHD）、キリンホールディングス（以下、キリンHD）、サッポロホールディングス（以下、サッポロHD）のビール業界3社の決算書と戦略を照らし合わせてみましょう。

　新型コロナウイルス感染症の拡大により、居酒屋など外食におけるビール消費量が大きく減少し、苦戦を強いられたビール業界ですが、じつはこれら3社の戦略は大きく異なります。そうした**戦略の違いが最もよく表れているのが、左ページの図にまとめた無形固定資産の金額の推移**です。

　2015年12月期を境に大きく無形固定資産を増やし、2020年12月期には2兆7,020億円にも達しているアサヒGHDに対し、キリンHDでは2000年代半ばごろから無形固定資産を一度は増やしたものの、その後減少に転じています。また、サッポロHDでは一貫して無形固定資産は低い水準にとどまっています。

　ここからは、戦略の違いが決算書にどのように反映されているのかに着目しながら、詳しく比較していくことにしましょう。

アサヒGHDのB／Sが大きく膨らんでいる理由とは？

　まずは、アサヒGHDの決算書から見ていきましょう（次ページ）。

　アサヒGHDのB／Sの左側（資産サイド）において最も特徴的なのは、**2兆7,020億円もの無形固定資産が計上されている**点です。この無形固定資産は、総資産のおよそ6割に相当します。

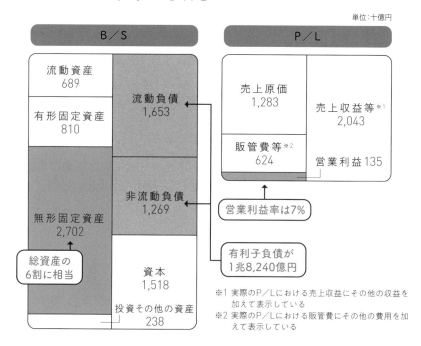

アサヒGHD（2020年12月期）

単位：十億円

B／S

流動資産 689	流動負債 1,653
有形固定資産 810	
無形固定資産 2,702	非流動負債 1,269
総資産の6割に相当	資本 1,518
投資その他の資産 238	

P／L

| 売上原価 1,283 | 売上収益等※1 2,043 |
| 販管費等※2 624 | 営業利益 135 |

営業利益率は7%

有利子負債が1兆8,240億円

※1 実際のP／Lにおける売上収益にその他の収益を加えて表示している
※2 実際のP／Lにおける販管費にその他の費用を加えて表示している

　B／SとP／Lの相対的な規模を比較してみると、後ほど取り上げるキリンHDやサッポロHDではB／SがP／Lの1.3～1.4倍程度に収まっているのに対し、アサヒGHDではB／SがP／Lの2倍を上回っています。これも、アサヒGHDの資産に多額の無形固定資産が計上されているためです。

　なぜアサヒGHDでは無形固定資産の額が大きくなっているのでしょうか。その背景には、アサヒGHDが推し進めてきた海外M&Aの影響があります。

　アサヒGHDは、2016年にイギリスのビールメーカー大手SABミ

ラーのイタリア、オランダ、イギリス事業を、2017年には同じくSABミラーの中東欧事業を買収しました。さらに2020年にはアンハイザー・ブッシュ・インベブから豪ビールメーカーのカールトン＆ユナイテッド・ブリュワリーズを買収するなど、M&Aにより海外事業を強化してきました。**これらの買収の結果として、アサヒGHDのB／Sには多額の無形固定資産（のれん及び無形資産）が計上されている**というわけです。

　また、**アサヒGHDはこれらの海外M&Aに必要な資金の多くを、有利子負債によって調達してきました**。その結果、アサヒGHDの流動負債と非流動負債に含まれる有利子負債はあわせて1兆8,240億円にまで膨らんでいます。これに伴い、自己資本比率は34％にまで低下しました。

　今後アサヒGHDは、**M&Aによって獲得した海外事業からのキャッシュ・フローも含めて、有利子負債の返済にキャッシュを回していくことが必要**です。

　なお、アサヒGHDの2020年12月期の売上収益等は2兆430億円、営業利益は1,350億円であり、**売上高営業利益率は7％**となっています。コロナ前の2019年12月期の売上高営業利益率は10％であったことから、やはり**コロナ禍で収益性を落としてはいますが、一定水準の利益率は確保しています**。

海外買収事業を整理し 医薬品への多角化を進めるキリンHD

　続いて、キリンHDの決算書を見てみましょう（次ページ）。

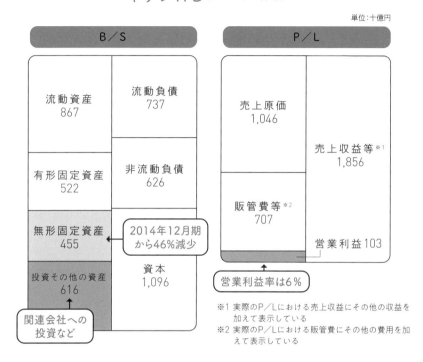

キリンHD（2020年12月期）

単位：十億円

B／S

流動資産 867	流動負債 737
有形固定資産 522	非流動負債 626
無形固定資産 455	2014年12月期から46%減少
投資その他の資産 616	資本 1,096

関連会社への投資など

P／L

売上原価 1,046	売上収益等※1 1,856
販管費等※2 707	
	営業利益 103

営業利益率は6%

※1 実際のP／Lにおける売上収益にその他の収益を加えて表示している
※2 実際のP／Lにおける販管費にその他の費用を加えて表示している

　キリンHDのB／S上の特徴は、**投資その他の資産が6,160億円計上されている**点にあります。この大半を占めるのは、3,870億円が計上されている「持分法で会計処理されている投資」です。これは、キリンHDの関連会社（持分法適用会社）に対する投資です。有価証券報告書を見てみると、健康食品のファンケルやフィリピンのビールメーカー、サンミゲルなどがキリンHDの関連会社になっていることがわかります。

　また、キリンHDの連結子会社には医薬品事業を手がける協和キリンなどもあり、**キリンHDが医薬品事業を含めて経営の多角化を行ってきた**状況が見て取れます。

なお、キリンHDも2007年12月期から2012年12月期にかけて、オーストラリアのナショナルフーズやライオンネイサン、ブラジルのスキンカリオールといった海外飲料・食品メーカーへの積極的なM&Aを進めていました。しかしながら、これらの買収事業が業績不振に陥ったことから、スキンカリオール（のちに社名を変更してブラジルキリン）を2017年6月にオランダのハイネケングループに売却、ナショナルフーズの事業も2021年1月までに売却を完了しています。

　こうした**買収事業の整理に伴い、2014年12月期には8,490億円計上されていたキリンHDの無形固定資産は、2020年12月期には4,550億円へと、46%減少した**のです。

　P／Lに目を転じると、キリンHDの売上収益等は1兆8,560億円、営業利益は1,030億円で、**売上高営業利益率は6%**となっています。2019年12月期の営業利益が880億円、売上高営業利益率が5%でしたから、**コロナ禍にあってもキリンHDは増益で、収益性もやや上昇している**ことがわかります。その要因については、後ほど確認してみることにしましょう。

不動産事業に特徴を持つサッポロHDは営業赤字に

　サッポロHDの決算書（次ページ）を見てみましょう。

　サッポロHDのB／S上の特徴は、**投資不動産が2,190億円計上されていること**です。この大半は、東京・恵比寿の商業施設、恵比寿ガーデンプレイス（1,310億円）で占められています。また、ここには札幌市のサッポロファクトリーやその他の投資不動産も含まれています。

サッポロHD（2020年12月期）

単位：十億円

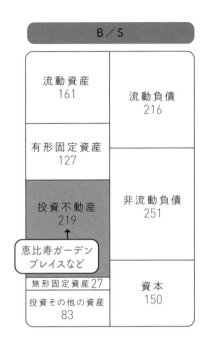

B／S

流動資産 161	流動負債 216
有形固定資産 127	非流動負債 251
投資不動産 219 ↑ 恵比寿ガーデンプレイスなど	
無形固定資産 27 投資その他の資産 83	資本 150

P／L

売上原価 303	売上収益等※1 438
販管費等※2 152	
営業損失△16	

赤字に転落

※1 実際のP／Lにおける売上収益にその他の収益を加えて表示している
※2 実際のP／Lにおける販管費にその他の費用を加えて表示している

　恵比寿ガーデンプレイスは、もともとの主力工場だった恵比寿工場の跡地を再開発して1994年に開業した複合施設です。こうした**不動産事業の占める比重が大きいことが、サッポロHDの事業上の特徴**であるといえます。

　その一方で、目立ったM&Aを行ってこなかったサッポロHDでは、無形固定資産は270億円しか計上されていません。

　サッポロHDのP／Lからは、売上収益等が4,380億円、営業損失が160億円計上されていることがわかります。**売上高営業利益率はマイナ**

ス**4%**です。2019年12月期の営業利益が120億円、売上高営業利益率が2%だったことから、**コロナ禍においてサッポロHDは営業赤字に転落した**ことになります。この原因についても、次のデータで確認することにしましょう。

営業利益の内訳に見る3社の「稼ぎ方」の特徴とは？

　最後に、ビール業界各社の2020年12月期における事業別営業利益（キリンHDについては「その他の営業収益」及び「その他の営業費用」を加味していません）を見てみます（下図）。

事業別営業利益（2020年12月期）

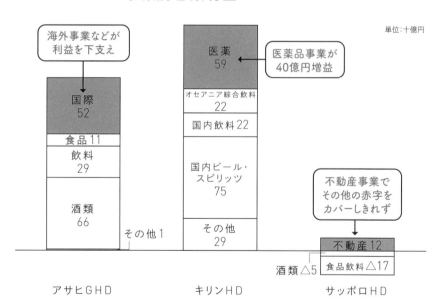

単位：十億円

海外事業などが利益を下支え

国際 52

食品 11

飲料 29

酒類 66

その他 1

アサヒGHD

医薬品事業が40億円増益

医薬 59

オセアニア綜合飲料 22

国内飲料 22

国内ビール・スピリッツ 75

その他 29

キリンHD

不動産事業でその他の赤字をカバーしきれず

不動産 12

酒類 △5

食品飲料 △17

サッポロHD

※「調整額」は含めていない。また、キリンHDについては事業別利益に「その他の営業収益」「その他の営業費用」が含まれていない

アサヒGHDの事業別営業利益については、酒類事業が660億円、飲料事業が290億円、食品事業が110億円、そして国際事業が520億円となっています。コロナ禍の影響が大きかった業務用向けの比重が高い酒類事業については、2019年12月期の1,030億円から大きく営業利益を落とす結果となりましたが、減益幅の小さかった飲料事業や食品事業、そして減益ではあったものの**酒類事業に次ぐ利益を上げた国際事業が全体としての利益を下支えした**格好になっています。

　キリンHDの営業利益については、国内ビール・スピリッツ事業が750億円、国内飲料事業が220億円、オセアニア綜合飲料事業が220億円、医薬品事業が590億円となりました。国内ビール・スピリッツ事業については100億円の減益だったものの、**医薬品事業が40億円の増益となったことや、その他の営業費用に含まれる減損損失が少なくなったこと（図中には含まれていません）などが、営業利益の増益につながった要因**です。

　サッポロHDでは、酒類事業が50億円の営業赤字、食品飲料事業も170億円の営業赤字です。コロナ禍において業務用酒類やサッポロライオンなどが運営する外食店舗の売上高が落ち込んだことに加え、自動販売機による飲料の売上数量低下により酒類事業や飲料事業の収益性は低下しています。

　一方で、不動産事業については120億円の営業黒字を確保しています。不動産事業の2019年12月期における営業利益は130億円で、2020年12月期もそれに近い利益を上げています。ただ、**不動産事業の黒字で酒類事業と食品飲料事業の赤字をカバーするには至らず、全体としての営業損益は赤字に転落してしまった**のです。

Point

この事例のポイント！

　ここではアサヒGHD、キリンHD、サッポロHDというビール業界の3社を取り上げて戦略と決算書を比較解説してきました。海外M&AのアサヒGHD、多角化のキリンHD、不動産事業のサッポロHDというように、各社の戦略上の特徴が特にB／Sに表れていたといえます。

　また、セグメント別の営業利益からは、アサヒGHDの国際事業、キリンHDの医薬品事業、サッポロHDの不動産事業といった特徴的な事業が、コロナ禍における業績を支えている状況が明らかになりました。

　海外M&Aにかじを切ったアサヒGHD、海外M&Aをいったん「手じまい」したキリンHD、そして不動産事業以外の立て直しが求められるサッポロHDが、今後どのような事業ポートフォリオを構築し、安定的な収益基盤を確保していくのかが問われる状況であるといえそうです。

後発医薬品大手2社を
海外M＆Aに駆り立てた
「構造的な問題」

薬価改定がもたらす
経営上のインパクトとは？

▶ なぜ売上高は伸びているのに利益率が低下しているのか？

売上高・売上収益、売上高営業利益率の推移

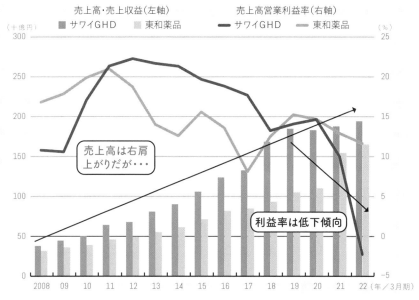

売上高・売上収益（左軸）　　　　売上高営業利益率（右軸）
（十億円）　■ サワイGHD　■ 東和薬品　　━ サワイGHD　━ 東和薬品　　（％）

売上高は右肩
上がりだが・・・

利益率は低下傾向

※ サワイGHDは2021年3月期までは沢井製薬。沢井製薬は2017年3月期よりIFRSのデータを使用し、営業利益
の計算にはその他の収益、その他の費用は加味していない

ここでは、ジェネリック（後発）医薬品メーカーであるサワイグルー
プホールディングス（以下、サワイGHD）と東和薬品の決算書を見ていき
ましょう。

　ジェネリック医薬品メーカーをめぐっては近年、品質不正問題が相次
いでいます。業界大手である日医工では富山第一工場における承認書に
記載のない手順での生産が発覚し、2021年3月に約1カ月の業務停止
命令を受けたことから業績が悪化。2022年5月13日に同社は、私的整
理の一種である事業再生ADRを申請しました。

　ここで取り上げるサワイGHDと東和薬品は、それぞれ2022年3月期
の売上高で業界第1位と第3位となっています。左ページのグラフによ
れば**両社の売上高（売上収益）は2008年3月期と2022年3月期の比較で
5倍以上となっていますが、売上高営業利益率はそれぞれのピーク時
だった20％超と比較して長期低落傾向にあります。**また、2022年3月
期には、サワイGHDの売上高営業利益率はマイナスとなり、営業赤字
に転落しています。

　その理由とは何でしょうか？　両社の決算書を比較しながら読み解い
ていきましょう。

相次ぐ品質不正による供給不足の代替需要を取り込んだ東和薬品

　まずは、東和薬品の決算書から見ていきましょう。次ページの図は、
2022年3月期における東和薬品のB／SとP／Lを比例縮尺図に図解し
たものです。

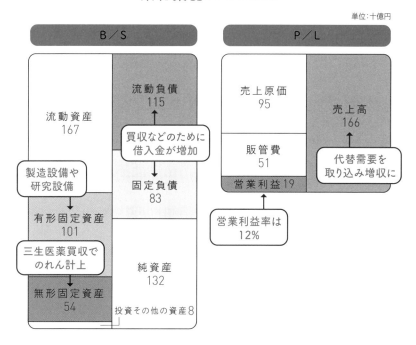

東和薬品（2022年3月期）

単位：十億円

B／S

流動資産 167	流動負債 115
	買収などのために借入金が増加
製造設備や研究設備	固定負債 83
有形固定資産 101	
三生医薬買収でのれん計上	純資産 132
無形固定資産 54	
投資その他の資産 8	

P／L

売上原価 95	売上高 166
販管費 51	代替需要を取り込み増収に
営業利益 19	
営業利益率は 12%	

　B／Sの左側（資産サイド）で**最大の金額となっているのは、流動資産（1,670億円）**です。ここには、棚卸資産（商品及び製品、仕掛品、原材料及び貯蔵品）が730億円、売上債権（受取手形及び売掛金、電子記録債権）が510億円、そして現預金が330億円計上されています。いずれも、営業を行う上で必要な資産です。

　続いて、有形固定資産が1,010億円計上されています。ここには、医薬品を製造するための製造設備や研究所の研究設備が含まれます。2021年3月期の有形固定資産は860億円でしたから、150億円増加しています。これは**同社の山形工場などに増産投資を行ったことに加え、2022年3月に健康食品の受託製造などを手がける三生医薬を477億円**

で買収（完全子会社化）したことによるものです。

　また、三生医薬を買収したことで、**無形固定資産は2021年3月期の150億円から540億円へと大きく増加しています**。買収に伴い、のれんが2021年3月期の70億円から450億円へと増加したためです。

　B／Sの右側（負債・純資産サイド）に目を移すと、流動負債が1,150億円、固定負債が830億円計上されており、それぞれに借入金や社債（有利子負債）が620億円、790億円含まれています。

　有利子負債を2021年3月期と比較してみると、流動負債において530億円、固定負債において50億円増加していますが、これは**三生医薬を買収するために必要な資金などを借入金で調達した**ためです。純資産は1,320億円で、自己資本比率は40％となっています。

　続いてP／Lを見ていきましょう。売上高1,660億円に対して売上原価は950億円（原価率58％）、販管費は510億円（販管費率31％）で、営業利益は190億円です。**売上高営業利益率は12％**となっています。

　業界大手の一角である日医工など、**品質不正をおこしたメーカーが生産の停止や制限を余儀なくされる中、東和薬品はその代替需要を取り込みました**。2022年3月期の売上高は、2021年3月期の1,550億円から110億円の増収となっています。

　販管費の増加があったために営業利益はやや減益となっていますが、2021年3月期の200億円とほぼ同等の水準を確保しています。

営業赤字に陥ったサワイGHD

　サワイGHDの決算書も見ていきましょう。下の図は、2022年3月期におけるサワイGHDのB／SとP／Lを図解したものです。なお、サワイGHDは2021年4月に沢井製薬が持株会社体制に移行するために単独株式移転により設立された沢井製薬の完全親会社であり、同年同月に東証一部にテクニカル上場（上場会社が株式移転などにより非上場会社の完全子会社となった場合などで速やかに上場を認める制度のこと）した会社です。また、サワイGHD（沢井製薬）は2018年3月期からIFRS（国際財務報告基準）を採用しています。

サワイ G H D（2022年3月期）

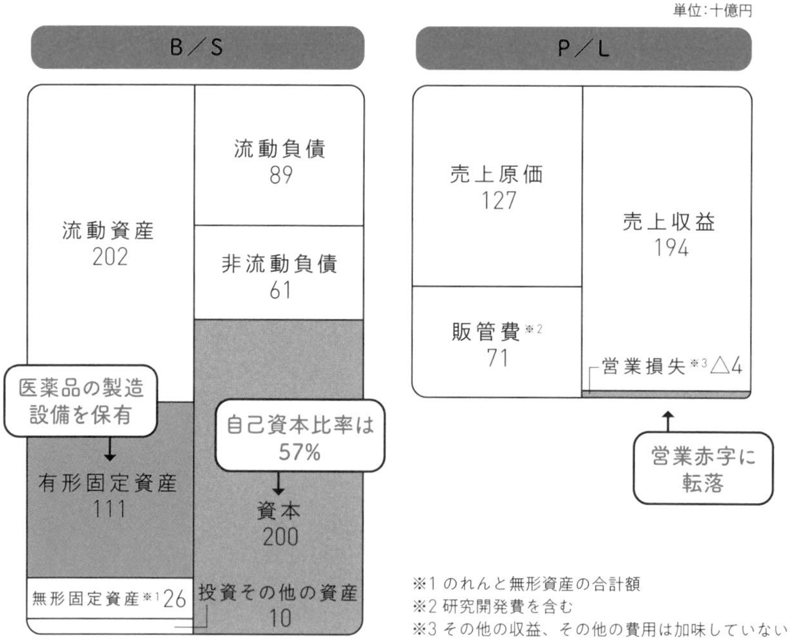

単位：十億円

B／S

| 流動資産 202 | 流動負債 89 |
| | 非流動負債 61 |

医薬品の製造設備を保有

有形固定資産 111

自己資本比率は 57%

資本 200

無形固定資産※1 26　投資その他の資産 10

P／L

売上原価 127	売上収益 194
販管費※2 71	
	営業損失※3 △4

営業赤字に転落

※1 のれんと無形資産の合計額
※2 研究開発費を含む
※3 その他の収益、その他の費用は加味していない

B／Sの左側には流動資産が2,020億円計上されており、ここには棚卸資産が860億円、売上債権及びその他の債権が650億円、現金及び現金同等物が480億円含まれています。また、**東和薬品と同様に医薬品の製造設備や研究設備を保有しているために、有形固定資産が1,110億円計上されています。**

B／Sの右側には流動負債が890億円、非流動負債（固定負債に相当）が610億円計上されており、それぞれに社債及び借入金が130億円、540億円含まれています。資本（純資産に相当）は2,000億円で、**自己資本比率は57%**という水準です。

P／Lについても見ていきましょう。サワイGHDの売上収益（売上高に相当）は1,940億円で、売上原価は1,270億円（原価率66%）、販管費（研究開発費を含む）は710億円（販管費率37%）となっており、**40億円の営業損失（その他の収益・費用を加味していません）を計上**しています。売上高営業利益率はマイナス2%です。なお、その他の収益・費用も加味したIFRSに基づく営業損失は360億円となっています。

日医工などの生産停止に伴って国内における代替需要が発生しているにもかかわらず、サワイGHDはなぜ赤字に転落したのでしょうか。

サワイGHDの営業赤字とIFRSとの関係とは？

サワイGHDが赤字に転落に至った経緯を探るために、サワイGHDのB／S（次ページ）を2021年3月期と2022年3月期とで比較してみましょう（なお、2021年3月期時点ではサワイGHDは設立されていないため、沢井製薬の連結B／Sを使用しています）。

サワイＧＨＤのＢ／Ｓ比較

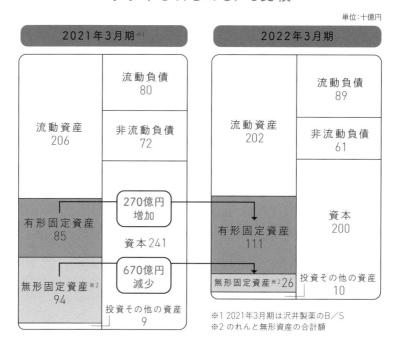

単位:十億円

2021年3月期※1	2022年3月期

2021年3月期
- 流動資産 206
- 流動負債 80
- 非流動負債 72
- 有形固定資産 85
- 資本 241
- 無形固定資産※2 94
- 投資その他の資産 9

270億円増加

670億円減少

2022年3月期
- 流動資産 202
- 流動負債 89
- 非流動負債 61
- 資本 200
- 有形固定資産 111
- 無形固定資産※2 26
- 投資その他の資産 10

※1 2021年3月期は沢井製薬のB／S
※2 のれんと無形資産の合計額

　上に示した左右の比例縮尺図を比較してみると、**有形固定資産が2021年3月期の850億円から2022年3月期の1,110億円へと、270億円増加しています**（四捨五入のために、端数分の誤差が生じています）。これは、九州工場やアメリカの新工場などへの設備投資を行ったことに加え、品質不正問題をおこした同業の小林化工の生産拠点を2022年3月に取得したためです。**業界全体として供給不足の状況が続く中で、積極的な増産投資を行っていることが有形固定資産の増加に表れています。**

　一方、**無形固定資産（のれんと無形資産の合計額）は、2021年3月期の940億円から2022年3月期には260億円となっており、670億円減少**しています（有形固定資産の場合と同様に、端数分の誤差が生じています）。

2017年にアメリカへの進出を目的として買収した米アップシャー・スミス・ラボラトリーズ（USL）の業績悪化に伴い、のれんをはじめとする無形資産や有形固定資産の減損損失を690億円計上しなければならなくなったからです。この**減損損失の計上により、サワイGHDの決算は赤字に転落**したのです。

　ところで、**日本基準を採用する会社であれば、サワイGHDが計上したような減損損失は原則としてP／L上の特別損失に計上されるため、営業利益には直接的な影響は及びません。**

　一方、サワイGHDが採用する**IFRSでは、日本基準のように一時的な損失を特別損失として分離して表示することを認めていません。**そのため、サワイGHDのアメリカにおける減損損失は売上原価、販管費（研究開発費を含む）などに振り分けられています。これが、サワイGHDが減損損失計上により「営業赤字」となった理由なのです。

　なお、サワイGHDの減損損失は「その他の費用」に最も多く振り分けられているため、その他の収益・費用を加味する前の営業損失が40億円である一方で、その他の収益・費用を加味したIFRSに基づく営業損失は360億円と、赤字幅が大きくなっています。

ジェネリック医薬品メーカーが抱える構造的な問題

　ここまで見てきたように、サワイGHDが赤字に転落した原因は、2017年に買収した米USLの業績不振に伴う減損損失の計上でした。また、東和薬品においても、すでに述べた健康食品受託事業を手がける三生医薬だけではなく、海外への本格的な進出を目的として2020年にス

ペインのジェネリック医薬品メーカー、ペンサ・インベンストメンツを395億円（同社公表ベース）で買収しています。

　ジェネリック医薬品の供給不足に対応して増産投資を行いながらも、ジェネリック医薬品メーカーが海外市場や新製品市場への参入に積極的に取り組んでいる理由は何でしょうか。そこには、ジェネリック医薬品業界が抱える構造的な問題があります。

　そもそも、政府がジェネリック医薬品の使用を促進してきたのは、医療費抑制のためです。そのため、**医薬品の公定価格である薬価は年々引き下げられる傾向にあり、採算性は低下していきます**。しかしながら、低採算となった医薬品であっても、「医療機関や患者の需要がある以上、誰かが生産し続ける必要がある」（中堅ジェネリック医薬品メーカーの高田製薬）ため、撤退しないケースが多いのです（2022年4月20日付日本経済新聞朝刊）。また、**収益性を確保するためには比較的高い薬価が見込める新製品を投入する必要があるため、品種が多数にわたり、生産コストがかさむ**という問題もあります。

　こうしたことから、冒頭でも紹介したように、**ジェネリック医薬品メーカーは市場の拡大に伴って売上高を大きく伸ばしてきましたが、その収益性は長期低落傾向にあります**。2010年3月期の沢井製薬と東和薬品の売上高営業利益率はそれぞれ17%、20%だったのに対し、2021年3月期にはそれぞれ10%、13%にまで低下してきているのです（2021年3月期における沢井製薬の営業利益にはその他の収益・費用を加味せずに試算しています）。

　サワイGHDや東和薬品が海外市場や健康食品などの新事業に積極的に乗り出しているのは、日本国内のジェネリック医薬品市場が上記のよ

うな構造的な問題を抱えているためです。また、両社は新薬開発にも参入を試みています（2021年7月14日付日本経済新聞地方経済面関西経済）。

Point

この事例のポイント！

　ここでは、ジェネリック医薬品メーカー大手であるサワイGHDと東和薬品を取り上げました。

　両社が海外進出や多角化を目的としたM&Aを積極的に進める背景には、ジェネリック医薬品に対する継続的な薬価引き下げと、それに伴う収益性の低下がありました。ジェネリック医薬品の普及が政策的に推進される理由が医療費抑制にある以上、収益性の低下は構造的に引き起こされたといえます。

　こうした構造的問題を乗り越えて業績を伸ばしていけるかどうかが、ジェネリック医薬品メーカーの今後の課題となっているのです。

Section

4

海外M＆Aで グローバル化したJTが ウクライナで抱えたリスク

地政学的リスクはどのように
顕在化したのか？

▶ **海外営業利益が大きく成長したJTが抱えるリスクとは？**

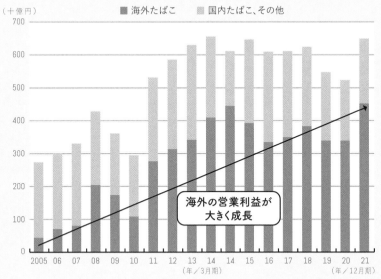

日本たばこ産業の事業別営業利益の推移

（十億円）　■ 海外たばこ　■ 国内たばこ、その他

> 海外の営業利益が
> 大きく成長

※ 2011年3月期以降はIFRSのデータを使用。また、2011年3月期以降は調整後EBITDA（営業利益から減価償却費などを控除した利益）、2014年3月期以降は調整後営業利益（営業利益から買収に伴う無形固定資産の償却費などを控除した利益）。2014年12月期は9カ月の変則決算。「その他」は医薬、加工食品、飲料など（全社費用は含まない）

このSectionでは、日本たばこ産業（以下、JT）のケースを見ていきましょう。2022年2月から始まったロシアによるウクライナ侵攻によって、グローバルに事業を展開している日本企業にも大きな影響が出ています。

左ページの図に示すように、**JTでは度重なる海外企業のM&AとIFRS（国際財務報告基準）の適用を経て、事業別営業利益のほぼ7割を海外たばこ事業によって稼ぎ出すグローバル企業へと変貌を遂げました。**

そんなJTは、2022年3月10日にロシアでの事業に関して「新規の投資及びマーケティング活動について一時的に停止」すると発表しました。発表時点ではロシアに保有する4つの工場の稼働や約4,000人の従業員の雇用を維持する方針を明らかにしていますが、今後の事業環境が大幅に改善しない限り、ロシア市場における製造を一時的に停止する可能性もあるとしています。加えて、JTはウクライナで約1,000人の従業員を抱えており、製造を含むオペレーションは停止している状況でした。

業績に対する懸念により、JTの株価（終値）は侵攻前の2022年2月18日における2,344円から、侵攻後の2022年3月11日時点では2,012円まで下落しました。

ここではJTの決算書から、ロシアによるウクライナ侵攻がJTの業績に対してどのようなインパクトを持っていたのか、読み解いていきます。

JTの決算書の特徴

次ページの図は、JTの2021年12月期の決算書を図解したものです。

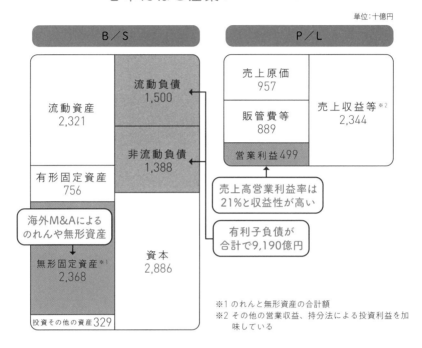

日本たばこ産業（2021年12月期）

単位：十億円

B／S

流動資産 2,321	流動負債 1,500
有形固定資産 756	非流動負債 1,388
海外M&Aによる のれんや無形資産 → 無形固定資産※1 2,368	資本 2,886
投資その他の資産 329	

P／L

売上原価 957	売上収益等※2 2,344
販管費等 889	
営業利益 499	

売上高営業利益率は21%と収益性が高い

有利子負債が合計で9,190億円

※1 のれんと無形資産の合計額
※2 その他の営業収益、持分法による投資利益を加味している

　まず右側のP／Lから見ていきましょう。売上収益等が2兆3,440億円であるのに対し、売上原価は9,570億円（原価率41%）、販管費等は8,890億円（販管費率38%）です。その結果、営業利益（その他の営業収益と持分法による投資利益を加味しています）は4,990億円で、**売上高営業利益率は21%と高い収益性を誇っています。**

　続いて、B／Sを見ていきます。**B／Sの左側（資産サイド）において最大の金額を占めているのは、無形固定資産**（2兆3,680億円）です。これは、海外におけるたばこ事業などを買収した際に計上された「のれん」（2兆610億円）や「無形資産」（3,070億円）です。この海外たばこ事業の買収に関しては、後ほど詳しく触れることにします。

　次いで大きいのは、流動資産（2兆3,210億円）です。ここには、現金及び現金同等物（7,220億円）のほか、棚卸資産（5,630億円）や営業債権及びその他の債権（4,570億円）などが計上されています。

　B／Sの右側（負債・純資産サイド）には流動負債が1兆5,000億円、非流動負債（固定負債に相当）が1兆3,880億円計上されており、それぞれには有利子負債である社債及び借入金が1,430億円、7,760億円含まれています。資本（純資産に相当）は2兆8,860億円で、自己資本比率は50%となっています。

大規模な海外M&Aで海外たばこ事業がけん引役に

　前に触れたように、JTのB／Sの左側には多額の無形固定資産が計上されています。これは、**1999年に米RJRナビスコの米国外たばこ事業を、2007年にイギリスのたばこ会社大手ギャラハーを買収したことが主な要因**です。

　買収金額はRJRナビスコの米国外たばこ事業が78億ドル（JTによる公表ベースで9,440億円）、ギャラハーが75億ポンド（同1兆7,200億円）であり、ギャラハーの買収は、当時の日本企業における過去最大規模の海外M&Aでした。また、2016年には米レイノルズ・アメリカンのブランド「ナチュラル・アメリカン・スピリット」の米国外たばこ事業を50億ドル（同5,914億円）で買収するなど、M&Aによって積極的な海外展開を図ってきました。

　JTの「統合報告書2020」によれば、JTにとっての最初の大型買収となった1999年のRJRナビスコの米国外たばこ事業の買収によって、JT

は世界的たばこブランドである「Winston」と「Camel」を取得。**海外たばこ事業の販売数量は前年度比9倍超となり、JTの海外事業を急拡大する上での足がかりとなりました。**また2007年のギャラハーの買収で、JTは「LD」や「Benson & Hedges」などのブランドを獲得。**海外たばこ事業の販売数量は前年度比で5割以上増加し、JTグループ全体の利益成長をけん引する存在となりました。**

海外たばこ事業の4分の1を占める ロシア事業のインパクト

　冒頭でも触れたように、積極的なM&Aの推進によりJTの海外たばこ事業は飛躍的な成長を遂げました。右ページの図は、JTの事業別の調整後営業利益（P/Lにおける営業利益から無形資産に係る償却費などを調整した利益）と、海外たばこ事業における地域別調整後営業利益の割合を示したものです。

　これによれば、**海外たばこ事業は事業別調整後営業利益の合計額の70%を占めており、最大の利益を生み出す事業となっています。**また、海外たばこ事業における調整後営業利益を地域別に分解すると、ロシアや旧ソ連・東欧などを含む「CIS＋」は海外たばこ事業全体の26%を占めています。これは、**事業別調整後営業利益の合計額の18%**に相当します。なお、ロシアのたばこ市場におけるJTのシェアは37%です。

　ロシア市場単独での売上収益や調整後営業利益は公開されていませんが、「CIS＋」における売上収益や利益の多くがロシア市場によるものと想定されます。そのため、JTにとってロシア市場の重要性は非常に高いといえます。2022年3月10日時点でJTのウクライナにおける製造などの活動は停止している状況ですが、これに加えて**ロシアにおける事**

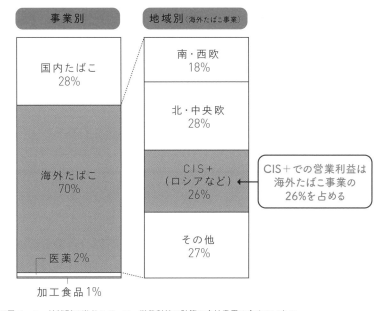

調整後営業利益の割合（2021年12月期）

事業別

- 国内たばこ 28%
- 海外たばこ 70%
- 医薬 2%
- 加工食品 1%

地域別（海外たばこ事業）

- 南・西欧 18%
- 北・中央欧 28%
- CIS＋（ロシアなど）26%
- その他 27%

CIS＋での営業利益は海外たばこ事業の26%を占める

※ 事業別は円ベース、地域別は米ドルベース。営業利益の計算に全社費用は含めていない

業活動が停止すれば、JTの業績にとってのインパクトは非常に大きなものになるといえます。

ロシアのウクライナ侵攻で生じる
さらなるふたつのリスクとは

　ロシアのウクライナ侵攻によってJTが抱えることとなったリスクは、事業活動停止のリスクだけにとどまりません。JTの2020年12月期有価証券報告書に記載された「事業等のリスク」からは、さらにふたつのリスクの存在が浮かび上がってきます。

そのひとつが、為替変動リスクです。ロシア国内の通貨であるルーブルは、ロシアに対する経済制裁の影響によって急落。ウクライナ侵攻前に1ルーブル＝1.5円程度で推移していた為替レートは、侵攻後には一時0.8円前後まで下落しました。単純計算ではありますが、**ルーブルベースでの売上収益や利益が円ベースでは半分近くまで押し下げられてしまう**ことになります。

また、もうひとつのリスクは、のれんの減損など資産減少のリスクです。前にも触れたように、JTでは海外たばこ事業を中心に2兆円を超えるのれんを計上しています。2021年12月期の有価証券報告書によれば、海外たばこ事業におけるのれんの使用価値は帳簿価格を「十分に上回って」いるとされていますが、**ロシア事業などにおいて将来得られるキャッシュ・フローの見通しが計画を大きく下回った場合には、のれんの減損が発生する可能性を否定できません。**

加えて、2022年3月12日付の日本経済新聞朝刊によれば、ロシアでの事業停止や撤退を判断した外資系企業の資産を差し押さえるとのロシア政府の意向も伝えられています。こうしたことがおきれば、ロシア国内においてJTが保有する4工場の資産に関しても、損失を計上しなければならない可能性があります。

JTは、M&Aによって海外事業を大きく拡大することに成功してきましたが、ロシアやウクライナをめぐる先行きの不透明感が強まる中、ロシアにおける事業活動の継続や停止の是非も含め、難しいかじとりを迫られているといえます。

Point

この事例のポイント！

ここでは、海外企業に対する大規模なM&Aによって経営のグローバル化を果たしてきたJTの決算書を見てきました。

グローバル化の結果、JTでは海外たばこ事業が事業別営業利益のほぼ7割を占めるに至りましたが、その結果としてさまざまな地政学的リスクを抱えることになりました。それが顕在化したのが、ロシアによるウクライナ侵攻であったといえます。

その後、2022年4月にJTはロシアにおけるたばこ事業について、グループからの分離を含めた選択肢を検討すると発表しました。これは、さまざまなリスクが想定されるロシア事業切り離しに向けた動きといえるでしょう。

（注）このSectionの内容は、2022年4月時点での状況に基づいています。

サカタのタネが
高い収益性と安全性を
維持している理由

種苗業界が抱える大きなリスクと
創業期の「苦い経験」

> **なぜサカタのタネは高い安全性を維持しているのでしょう?**

サカタのタネの自己資本比率と手元流動性比率の推移

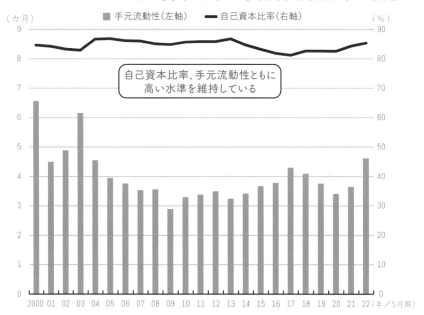

（カ月）　　　■ 手元流動性（左軸）　　━ 自己資本比率（右軸）　　（％）

自己資本比率、手元流動性ともに
高い水準を維持している

2000 01 02 03 04 05 06 07 08 09 10 11 12 13 14 15 16 17 18 19 20 21 22（年／5月期）

　Chapter 3最後の事例として、野菜や花の種子の卸売事業などを手がけているサカタのタネの決算書を見ていきましょう。

　サカタのタネは、2022年5月時点でブロッコリーの種子で世界シェアの65％を、トルコギキョウでは世界シェアの70％を占める種苗会社です。また、2022年5月期の連結売上高における海外売上高の割合が71％を占めるグローバル企業でもあります。

　サカタのタネの財務的な特徴のひとつは、高い財務的安全性を維持していることです。左ページの図にも示したように、**売上高の入金がゼロになったと仮定した場合にどれくらいの期間耐えられるかの目安となる手元流動性比率**（＝手元資金〔現預金と有価証券〕÷平均月商）**は2022年5月期に4.6カ月、資本構成の安定性を示す自己資本比率は同年同期で85％と非常に高い水準**となっています。また、後ほど詳しく述べますが、収益性が高いことも特徴のひとつです。

　サカタのタネが高い収益性を実現できている背景にはどのような経営上の特徴があるのでしょうか。また、高い安全性を維持するという経営方針のもととなった創業期の「苦い経験」についても解説しましょう。

高い収益性を誇るサカタのタネの決算書

　次ページの図は、サカタのタネの決算書を図解したものです。

　まず、B／Sから見ていきます。**B／Sの左側（資産サイド）で最大の金額を占めているのは、流動資産（890億円）**です。ここには、棚卸資産（在庫）が380億円、現預金が280億円、売上債権（受取手形、売掛金及び契約資産）が180億円計上されています。

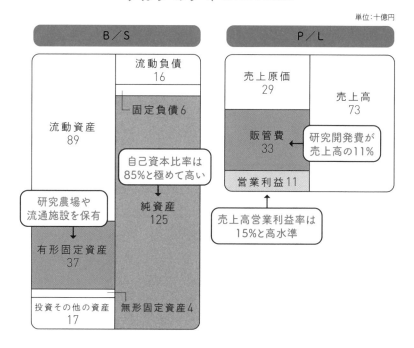

サカタのタネ（2022年5月期）

単位：十億円

B／S

| 流動負債 16 |
| 固定負債 6 |

流動資産 89

研究農場や流通施設を保有

自己資本比率は85％と極めて高い

純資産 125

有形固定資産 37

投資その他の資産 17　　無形固定資産 4

P／L

売上原価 29

売上高 73

販管費 33

研究開発費が売上高の11％

営業利益 11

売上高営業利益率は15％と高水準

　次に大きいのが有形固定資産（370億円）です。ここには、国内において種子などに関する研究開発を行う拠点である研究農場や流通施設、海外における販売店舗や研究農場の建物や機械装置、土地などが計上されています。海外の研究農場は、米国、フランス、デンマーク、ブラジル、インド、韓国など世界各地に展開されています。

　投資その他の資産（170億円）の大半は、投資有価証券（140億円）で占められています。この投資有価証券の多くは、取引先の株式などのいわゆる政策保有株式です。

　B／Sの右側（負債・純資産サイド）には、流動負債が160億円、固定負

債が60億円計上されており、双方の合計で借入金が15億円含まれていますが、保有する現預金の金額が280億円であることを考えると、サカタのタネは実質無借金経営であるといえます。

　純資産の金額は1,250億円で、**自己資本比率は85%と極めて高くなっています**。なぜサカタのタネでは高い安全性を確保しているのか、という点については後ほど詳しく説明することにしましょう。

　続いてP／Lについても見ていきます。売上高が730億円であるのに対し、売上原価は290億円で原価率は40%、販管費は330億円で販管費率は45%となっています。営業利益は110億円で、**売上高営業利益率は15%という高水準**を確保しています。

　サカタのタネが高い収益性を実現できている理由のひとつは、**高い品質とオリジナル性を持つ種苗を顧客に提供することができていること**です。そして、その高い品質を支えているのは、充実した研究開発体制にあります。

　サカタのタネのホームページによれば、研究農場・施設は日本をはじめとした12カ国19カ所に展開されており、全世界の従業員の20%が研究スタッフで占められているといいます。売上原価及び販管費に含まれる研究開発費の総額は80億円で、売上高に占める割合では11%に上ります。

　こうした**研究開発により生み出された優れた商品が、サカタのタネの高い収益性につながっている**といえます。

新しい「収益認識会計基準」や円安は
業績にどう影響したのか?

　Chapter1の雪印メグミルクとヤクルト本社の事例（38〜45ページ）でも触れたように、2022年3月期以降の決算（日本基準）では新しい「収益認識に関する会計基準」(収益認識会計基準) が適用されています。また、2021年ごろから進行した円安も売上高や利益にさまざまな影響を与えています。

　そこでここでは、収益認識会計基準や円安の進行がサカタのタネの業績にどのような影響を及ぼしているのかを見ていきましょう。

　下の図は、サカタのタネの売上高の変動要因を地域別に示したもので

サカタのタネ－地域別売上高変動要因

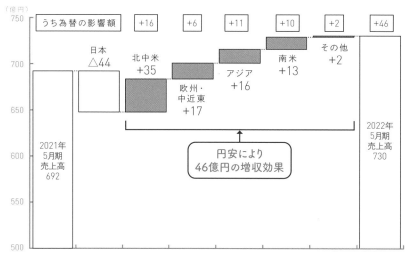

（出所）「サカタのタネ本決算説明資料──2022年5月期」より筆者作成

す。これによれば、日本での2022年5月期における売上高は2021年5月期に比べて44億円の減収となっています。その主な要因は、新しい収益認識会計基準を適用したことにあります。

具体的には、農園芸資材の一部の販売について、**これまで取引総額を売上高に計上していたものを、新たな収益認識会計基準の適用により、取引総額から仕入れ先に対する支払額を差し引いた純額で計上するようになった**ことなどが大きく影響しています。

2022年5月期の決算短信によれば、新たな収益認識会計基準の適用により売上高及び売上原価がそれぞれ34億円減少していますが、営業利益などへの影響はほとんどありません。

海外の売上高は83億円の増収でした。これは、海外における野菜・花の種子の販売が伸びたのに加え、円安による増収効果があったためです。サカタのタネの本決算説明資料によると、**為替レート変動の影響により46億円の増収効果があった**とされています。

なお、円安の進行が利益の増加（増益）にどの程度影響したかは明示されていません。しかし、2022年5月期の決算短信によれば、円ドルの為替レートが1円円安に振れた場合には年間の営業利益に対して約8,000万円の増益効果が、円ユーロの為替レートが1円円安に振れると年間の営業利益に対して約1,200万円の増益効果があると述べられています。

海外売上高比率が70％を超えるサカタのタネにおいては、**円安は増収増益効果をもたらしている**といえます。

サカタのタネが高い安全性を確保する理由

　すでに述べたように、サカタのタネの安全性は非常に高い水準にあります。あらためて、冒頭でも示した手元流動性比率と自己資本比率の推移を見てみましょう（下図）。

　これによれば、**自己資本比率はすべての期において85%前後の水準で推移**しています。また、手元流動性比率は2009年5月期にいったん3カ月を割り込んでいるものの、それ以外の期では3カ月以上の水準を維持しており、2022年5月期では4.6カ月となっています。**売り上げの入金が途絶えたとしても4カ月以上は耐えられる計算**です。

サカタのタネの自己資本比率と手元流動性比率の推移

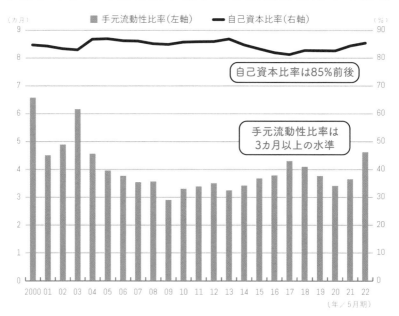

この背景には、種苗業界特有の事業環境があります。**花や野菜の品種を育成（育種）するには10年近くの年月が必要**なのです。

サカタのタネによれば、「育種10年」という言葉もあるといいます。育種の間には、気候変動をはじめとしたさまざまな環境変化がおこるため、種の開発がうまくいかないこともあります。育種は自然環境のリスクと隣り合わせで行われているのです。同社の坂田宏社長も種の開発は「無駄の繰り返し」だと述べています（日経ビジネス2020年7月20・27日号）。

サカタのタネが財務的な安全性を追求しているのは、こうしたリスクに対応できるようにするためなのです。

高い安全性を追求するきっかけとなった 創業期の「苦い経験」

先に述べましたが、研究農場を世界各地に展開するとともに、種子の生産地を世界各地に分散させているのは、気象災害や病気の発生などのリスクに対応するためでもあります。

前出の日経ビジネスの記事によれば、こうしたリスクに耐えられるような経営方針をとっているのは、創業期の苦い経験がもとになっています。

関東大震災の不況時にイギリスの種苗会社からキャベツ採種の依頼を受けたものの、収穫に失敗。依頼時に受け取った前金を使わずに残してあったことで依頼主に前金を返還することができましたが、もし前金を使ってしまっていたら会社は存続できなかっただろうといいます。こう

した経験を踏まえ、創業者である坂田武雄氏は**会社を存続の危機にさらすことがないよう、常に余裕資金を手当てするようになった**のです。

Point

この事例のポイント！

ここでは、種苗会社であるサカタのタネを取り上げて、その決算書を解説してきました。サカタのタネの高い収益性は充実した研究開発体制によって支えられていました。また、高い財務的安全性の背後には、種苗業界特有のハイリスクな事業特性と創業期の苦い経験がありました。

加えて、サカタのタネは海外売上高比率が70％を超えるグローバル企業であり、円安の進行が増収増益効果をもたらしてもいました。こうした拠点を全世界に分散させるグローバルな事業体制も、自然環境変化などのリスクをできる限り軽減するための取り組みのひとつであると捉えることができるのではないでしょうか。

Chapter

4

―――

経営改革と
決算書

富士フイルムHDは
縮小市場に
どう立ち向かったのか？

ニコンの苦戦と富士フイルムHDにおける
「第二の創業」

売上高営業利益率の推移

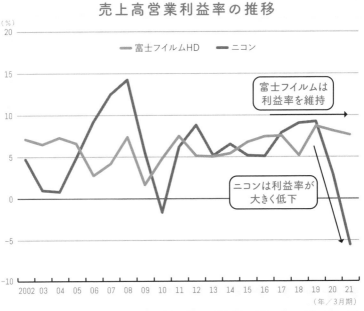

※ ニコンについては2016年3月期よりIFRSのデータを使用し、営業損益の計算にはその他の営業収益、その他の営業費用を加味していない。富士フイルムHDについては米国会計基準のデータを使用しており、営業利益の計算に構造改革費用を加味していない

　経営改革について取り上げる Chapter 4 の最初の事例として、カメラメーカー大手として知られるニコンと富士フイルムホールディングス（以下、富士フイルム HD）の決算書を比較してみましょう。

　左ページの図によって示されているように、2011年3月期以降における両社の売上高営業利益率は6～7%前後と同水準で推移してきましたが、**2020年3月期以降ニコンの業績は落ち込み、2021年3月期ではニコンがマイナス6%、富士フイルム HD が8%と大きく明暗が分かれてしまいました。**

　スマートフォンの普及でデジタルカメラの市場は縮小が続いている中、生き残りのカギはどこにあるのでしょうか。まず、ニコンの決算書を見て、ニコンが営業赤字になってしまった原因を確認した上で、富士フイルム HD がどのようにして事業構造改革を行ってきたのか解説しましょう。

デジタルカメラの不振で営業赤字のニコン

　次ページの図は、ニコンの2021年3月期の決算書を図解したものです。

　B／S の左側（資産サイド）において最大の金額を占めているのは、流動資産（6,760億円）です。

　この流動資産の中には、現金及び現金同等物が3,520億円計上されています。**売り上げの規模から見ても、ニコンは十分な手元資金を確保している**といえるでしょう。

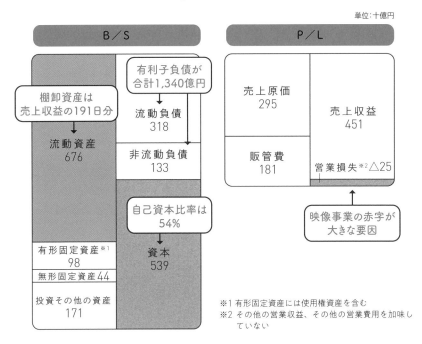

ニコン（2021年3月期）

単位：十億円

B／S

棚卸資産は
売上収益の191日分

有利子負債が
合計1,340億円

流動資産
676

流動負債
318

非流動負債
133

自己資本比率は
54%

資本
539

有形固定資産※1
98

無形固定資産 44

投資その他の資産
171

P／L

売上原価
295

売上収益
451

販管費
181

営業損失※2△25

映像事業の赤字が
大きな要因

※1 有形固定資産には使用権資産を含む
※2 その他の営業収益、その他の営業費用を加味していない

　また、流動資産には棚卸資産（在庫）が2,360億円計上されています。これは、**年間の売上収益（4,510億円）の191日分に相当**する金額です。事業セグメント別の資産の状況を見る限り、この棚卸資産の多くは液晶などのフラットパネルディスプレイ（FPD）露光装置や半導体露光装置を手がける精機事業に属するものだと推測されます。

　同じく半導体製造装置を手がける東京エレクトロン、SCREENホールディングス、ディスコにおける棚卸資産はそれぞれ売上高の108日分、109日分、111日分（いずれも2021年3月期）となっていますので、業界として在庫が多くなりがちな傾向にあるといえそうですが、ニコンにおける在庫水準の高さは少々気になるところです。

　続いて、B／Sの右側（負債・純資産サイド）も見てみましょう。社債及び借入金が流動負債に300億円、非流動負債（固定負債に相当）に1,040億円計上されており、有利子負債により調達した資金を設備投資などにあててきた状況がうかがえます。一方、資本（純資産に相当）も5,390億円計上されており、**自己資本比率は54％で安全性の観点から見て決して低い水準ではありません。**

　P／Lに目を転じてみると、売上収益が4,510億円であるのに対し、売上原価が2,950億円（原価率65％）、販管費が1,810億円（販管費率40％）となっています。この結果、**営業損失（その他の営業収益・営業費用を加味していません）は250億円と、赤字に転落**しています。売上高営業利益率はマイナス6％です。

　この営業赤字の大きな要因となったのは、デジタルカメラを手がける映像事業です。

　有価証券報告書のセグメント情報によれば、ニコンの映像事業の営業損失は360億円にも上ります（ただし、セグメント情報における営業損益にはその他営業収益・営業費用が一部加味されています）。ニコンはスマートフォンと競合しにくい中高級機のデジタルカメラに注力していますが、それでも市場縮小のあおりを受けて業績的には厳しい状況です。

営業黒字を確保している富士フイルムHD

　続いて、富士フイルムHDの決算書を見てみましょう（次ページ）。富士フイルムHDにおける**B／Sの左側で最大の金額を占めているのは、1兆5,070億円が計上されている流動資産**です。

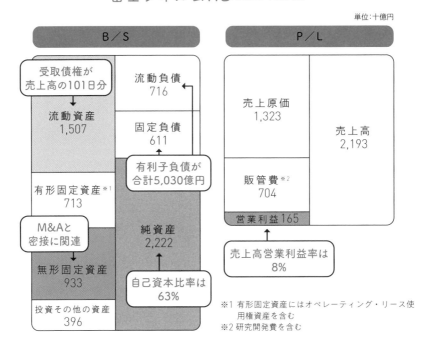

富士フイルムHD（2021年3月期）

単位：十億円

B／S

受取債権が
売上高の101日分

流動資産
1,507

流動負債
716

固定負債
611

有形固定資産※1
713

有利子負債が
合計5,030億円

M&Aと
密接に関連

純資産
2,222

無形固定資産
933

自己資本比率は
63%

投資その他の資産
396

P／L

売上原価
1,323

売上高
2,193

販管費※2
704

営業利益 165

売上高営業利益率は
8%

※1 有形固定資産にはオペレーティング・リース使
用権資産を含む
※2 研究開発費を含む

　この流動資産の40％は営業債権やリース債権などの受取債権（6,060億円）で占められています。この**受取債権の金額は売上高（2兆1,930億円）の101日分に相当**します。

　受取債権の回収までの期間が長くなると、それだけ資産効率（資本効率）が低下することとなります。この点については富士フイルムHDも経営課題と捉えており、2024年3月期に向けた中期経営計画「VISION2023」では、営業上の資本効率を表す指標であるCCC（キャッシュ・コンバージョン・サイクル＝棚卸資産回転日数＋営業債権回転日数－営業債務回転日数）を短縮することを目標に掲げています。

加えて、B／Sの左側で特徴的なのは、大きな金額の無形固定資産（9,330億円）を計上していることです。これは、富士フイルムHDがこれまでに行ってきたM&Aと密接な関係があります。この詳細については、後ほど説明しましょう。

　B／Sの右側においては、社債及び借入金が流動負債に640億円、固定負債に4,390億円計上されています。低金利の環境下において、ニコンと同様に、有利子負債による資金調達も行ってきた状況がうかがえます。その一方で、純資産は2兆2,220億円の水準を確保しており、**自己資本比率は63%**となっています。

　P／Lについても見てみましょう。売上高は2兆1,930億円、売上原価は1兆3,230億円（原価率60%）、販管費（研究開発費1,520億円を含む）は7,040億円（販管費率32%）となっており、**営業利益は1,650億円で売上高営業利益率8%を確保することができています。**

　営業黒字を確保できた大きな要因は、この20年間ほどに富士フイルムHDが行ってきた事業構造改革にあります。ここからは、その事業構造改革について決算書の変化とともに解説しましょう。

売上高の「中身」に隠された事業構造改革の結果

　それでは、まず次ページの図で富士フイルムHDのP／Lを2002年3月期と2021年3月期で比較してみましょう（2002年3月期当時の社名は富士写真フイルム）。2002年3月期と2021年3月期の連結P／Lの間には大きな差は見られません。2002年3月期の売上高は2兆4,010億円、売上原価は1兆4,010億円（原価率58%）、販管費は8,310億円（販管費率35%）、営業利益は1,690億円で売上高営業利益率は7%となっています。

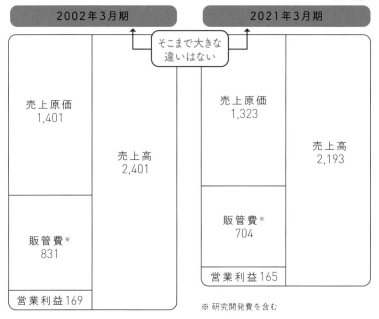

富士フイルムHDのP／L比較

単位：十億円

2002年3月期

2021年3月期

そこまで大きな違いはない

2002年3月期

売上原価
1,401

売上高
2,401

販管費※
831

営業利益 169

2021年3月期

売上原価
1,323

売上高
2,193

販管費※
704

営業利益 165

※ 研究開発費を含む

　しかしながら、**その売り上げを構成している「中身」は大きく異なります**。右ページの図によれば、富士フイルムHDの主力事業だった写真フィルムやカメラ事業などを手がける**イメージングソリューション事業の売上高全体に占める割合は、2002年3月期の33％から、2021年3月期には13％に低下**しています。その一方で、メディカル関連や化粧品、医薬品、インクジェットなどを手がける**ヘルスケア＆マテリアルズ ソリューション事業が、同時期に29％から48％へと拡大**しています。

　大きく市場が縮小したイメージングソリューション事業への依存度を下げながら、注力事業と位置づけたヘルスケア＆マテリアルズソリューション事業の割合を高めてきたというのが、この20年の間に富

富士フイルムHDの事業セグメント別売上高構成比の比較

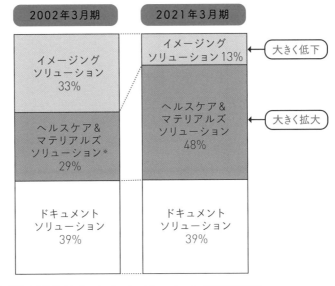

2002年3月期	2021年3月期
イメージング ソリューション 33%	イメージング ソリューション 13% ← 大きく低下
ヘルスケア& マテリアルズ ソリューション※ 29%	ヘルスケア& マテリアルズ ソリューション 48% ← 大きく拡大
ドキュメント ソリューション 39%	ドキュメント ソリューション 39%

※ 当時の名称はインフォメーション ソリューション（2018年3月期より ヘルスケア＆マテリアルズ ソリューションに名称変更）

士フイルムHDが行ってきた事業構造改革の結果です。いまや、**ヘルスケア＆マテリアルズソリューション事業は1,080億円の営業利益を稼ぎ出す主力事業へと成長を遂げています。**

M&Aによって無形固定資産が大きく膨らんだ

　続いて、富士フイルムHDの2002年3月期と2021年3月期のB／Sを並べて比較してみましょう（次ページ）。両者の間における**最も大きな違いは、無形固定資産が2002年3月期の2,490億円から9,330億円へと大きく増加したこと**にあります。

富士フイルムHDのB／S比較

単位:十億円

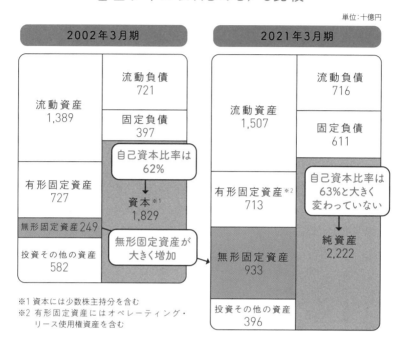

2002年3月期

| 流動資産
1,389 | 流動負債
721 |
| | 固定負債
397 |

自己資本比率は62%

資本※1
1,829

有形固定資産
727

無形固定資産249

無形固定資産が大きく増加

投資その他の資産
582

2021年3月期

| 流動資産
1,507 | 流動負債
716 |
| | 固定負債
611 |

自己資本比率は63%と大きく変わっていない

有形固定資産※2
713

純資産
2,222

無形固定資産
933

投資その他の資産
396

※1 資本には少数株主持分を含む
※2 有形固定資産にはオペレーティング・リース使用権資産を含む

　このように**無形固定資産が増加したのは、過去に行ってきたM&Aが原因**です。この無形固定資産の多くは「のれん」で占められています。M&Aでのれんが計上されるメカニズムについては、Chapter 1の23〜24ページを参照してください（なお、正確には富士フイルムHDのB／Sにおける無形固定資産の多くを占めているのは「営業権」ですが、多くの企業で計上されている「のれん」と本質的には変わりませんので、ここでは「のれん」と呼んでいます）。

M&Aを積極化しても
自己資本比率をキープできている理由

　下の表は、2001年以降に富士フイルムHDが行ってきた主なM&Aを
まとめたものです。これを見ると、インクジェット用のインクやヘッ
ド、医薬品、診断装置など、**ヘルスケア＆マテリアルズソリューショ
ン事業に属する会社や事業を数多く買収してきた**ことがわかります。

富士フイルムHDが行ってきた主なM&A

年	月	概要
2001	3	富士ゼロックスの発行済株式総数の25％を追加取得し、連結子会社化
2003	4	プロセス資材の株式を追加取得し、連結子会社化
2004	11	米国Arch Chemicals, Inc.より、同社Microelectronic Materials部門と同社所有の富士フイルムアーチの株式全数を買収
2005	2	産業用インクジェット用インクなどを展開するSericolグループの英国持株会社Sericol Group Limitedを買収
2006	7	産業用インクジェットプリンター用ヘッドメーカー、米国Dimatix, Inc.を買収
2008	3	富山化学工業の株式を株式公開買付により取得し連結子会社化
2011	3	バイオ医薬品の受託製造会社であるMSD Biologics (UK) Limited社およびDiosynth RTP Inc.社を買収
2012	3	超音波診断装置大手のSonoSite, Inc.を買収
2015	5	米国のiPS細胞由来分化細胞の開発・製造会社、Cellular Dynamics International, Inc.を完全子会社化
2017	4	和光純薬工業の株式を株式公開買付により取得し連結子会社化
2018	6	細胞培養用培地を手掛けるIrvine Scientific Sales Company, Inc.を買収
2019	8	バイオ医薬品大手Biogen Inc.のデンマーク製造子会社Biogen (Denmark) Manufacturing ApSを連結子会社化
2021	3	日立製作所の画像診断関連事業を買収

（出所）富士フイルムHDウェブサイト及び有価証券報告書より筆者作成

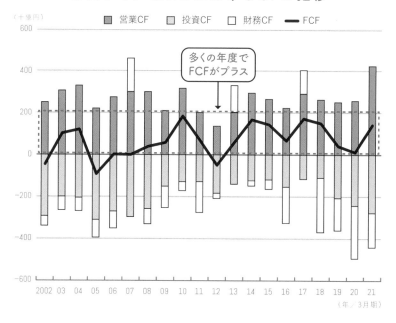

富士フイルムHDにおけるCFの推移

(十億円)

■ 営業CF　■ 投資CF　□ 財務CF　━ FCF

多くの年度で
FCFがプラス

600
400
200
0
-200
-400
-600

2002 03 04 05 06 07 08 09 10 11 12 13 14 15 16 17 18 19 20 21

(年/3月期)

　富士フイルムHDの売上高や利益におけるヘルスケア＆マテリアルズ
ソリューション事業の割合が上昇してきた背景には、こうした積極的な
M&Aがありました。加えて、**買収してきた事業と、富士フイルムHD
が強みとする技術を組み合わせることができたのも、富士フイルムHD
が事業構造改革に成功できた理由のひとつ**だったのです。

　ところで、富士フイルムHDはここまで積極的なM&Aを行ってきて
いるにもかかわらず、負債への依存度は高まっていません。**自己資本比
率も2002年3月期に62%だったのに対し、2021年3月期には63%と
ほぼ変わらない水準**を維持しています。

　この理由は、**積極的なM&Aを行いながらも、投資額を営業CF**（キャッ

シュ・フロー）の範囲内に収めてきたことにあります。左ページの図においても、多くの年度でFCF（フリー・キャッシュ・フロー＝営業CF＋投資CF）がプラスとなっており、外部からの資金調達に頼らずに投資を行ってきたことがわかります。その結果、M&Aにより事業構造を大きく転換しながらも、安定的な資本構成を維持することに成功したのです。

　こうした事業構造改革を断行したのは、2000年に社長に就任した古森重隆氏です。古森氏は、社長就任当初の主力であった写真フィルム事業について「風呂の栓が抜けたように、みるみる写真フィルムの需要が減っていった」（2021年4月1日付日本経済新聞朝刊）と述べています。そうした状況の中、「第二の創業」として自社技術を生かせる医薬品や化粧品などの新規事業に乗り出したのです。もし、こうした経営上の意思決定がなければ、ライバルであった米イーストマン・コダックのように、富士フイルムHDは経営破綻へと追い込まれていたでしょう。

Point

この事例のポイント！

　カメラメーカー大手であるニコンと富士フイルムHDの決算書を比較してきました。デジタルカメラの市場縮小により苦戦するニコンに対し、富士フイルムHDは古森氏による事業構造改革が功を奏し、ヘルスケア事業などでコロナ禍の中でも利益が出せる会社へと変貌を遂げました。

　まさに「第二の創業」が生き残りのカギを握っていた事例だといえます。

日立製作所が
日立建機株の「一部売却」
を決めた理由

無形固定資産・有利子負債の増減と
グループ事業再編の関係とは？

> ## 無形固定資産と有利子負債が変動した理由とは？

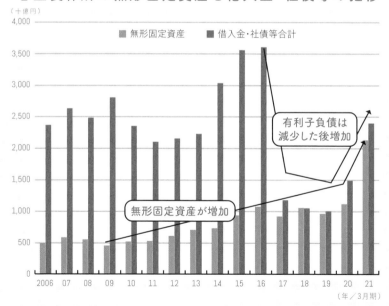

日立製作所の無形固定資産と借入金・社債等の推移

（十億円）

凡例：■ 無形固定資産　■ 借入金・社債等合計

有利子負債は
減少した後増加

無形固定資産が増加

2006 07 08 09 10 11 12 13 14 15 16 17 18 19 20 21
（年／3月期）

※「のれん」と「その他の無形資産」の合計を無形固定資産としている。2013年3月期までは米国会計基準、2014年3月期以降はIFRSによる

ここでは、日立製作所のグループ事業再編を取り上げます。

　左ページの図に示すように、2009年3月期以降、**日立製作所の無形固定資産は徐々に増加してきましたが、2021年3月期にはさらに大きく増加しています**。また、有利子負債については2017年3月期に大きく減少した後、**無形固定資産の増加にあわせるように2021年3月期にかけて大きく増加しました**。

　2009年3月期に過去最大の最終赤字（7,873億円）を計上した後、日立製作所では事業構造改革を進めてきました。最近でも、2020年4月に日立化成を売却し、2021年4月には日立金属の売却を発表するなど、日立製作所は非中核事業と位置づけた子会社を次々と切り離しています。またそれに加えて、グループの中核となる子会社については、完全子会社化するといった事業構造改革を進めてきたのです。

　そして、2022年1月には日立製作所は約51.4％を保有する日立建機の株式のうち、約26％を日本産業パートナーズと伊藤忠商事が共同出資する特別目的会社に売却して連結対象から外し、持分法適用会社（関連会社）にすると発表。2022年8月に売却を完了しました。

　日立製作所が事業構造改革を進めてきた中で最後に残された上場子会社であり、建設機械（建機）事業を手がける日立建機を、完全子会社化してグループの中核に取り込むのか、あるいは売却するのかは注目を集めてきました。そして、最終的に日立製作所が下した意思決定は、**株式売却により連結子会社からは外すものの、売却後も日立建機株式を約25.4％保有する**というものでした。

　日立製作所の事業構造改革は、左ページの図に示した無形固定資産や

有利子負債の変動とどう関係しているのでしょうか？　また、日立製作所が日立建機株式を売却するに至った理由と、約4分の1の株式を保有し続ける理由とは何だったのでしょうか？

　日立製作所と日立建機の決算書、そして日立製作所が行ってきた事業構造改革を踏まえて上記の疑問について解説していきます。

多額の 「のれん」 と有利子負債が計上されている 日立製作所の決算書

　右ページの図は、日立製作所の決算書を図解したものです。

　右側に示したP／Lから見ていきましょう。売上高が8兆7,290億円であるのに対し、売上原価は6兆5,340億円（原価率75％）、販管費は1兆7,000億円（販管費率19％）、営業利益（その他の収益・費用は加味していません）は4,950億円で、**売上高営業利益率は6%**です。リーマン・ショック後の**2009年3月期に過去最大の最終赤字を記録した日立製作所ですが、その後利益を稼げる体質へと事業構造改革を進めてきた**結果が表れています。

　B／Sの左側（資産サイド）で**最大の金額が計上されているのは、流動資産（5兆9,430億円）**です。流動資産の中には、売上債権及び契約資産が2兆7,340億円、棚卸資産が1兆6,530億円計上されています。これらは、日立製作所の営業上必要な資産です。

　次いで大きいのは、有形固定資産（2兆4,090億円）です。日立製作所は、ライフ（家電や自動車関連事業など）、IT、エネルギーなどの事業を展開していますが、そうした事業における製造設備や開発拠点を保有して

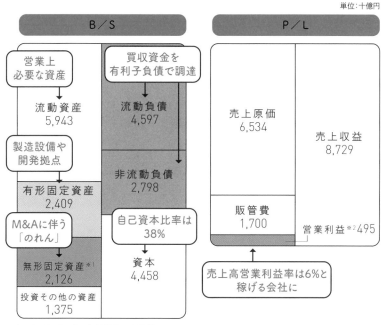

日立製作所（2021年3月期）

単位：十億円

B／S

| 営業上必要な資産 | 買収資金を有利子負債で調達 |

流動資産
5,943

流動負債
4,597

製造設備や開発拠点

有形固定資産
2,409

非流動負債
2,798

M&Aに伴う「のれん」

自己資本比率は38%

無形固定資産※1
2,126

資本
4,458

投資その他の資産
1,375

P／L

売上原価
6,534

売上収益
8,729

販管費
1,700

営業利益※2 495

売上高営業利益率は6%と稼げる会社に

※1 のれんとその他の無形資産の合計額
※2 その他の収益、その他の費用は加味していない

いるためです。

　そして、**無形固定資産の金額も2兆1,260億円と大きくなっています**。これは、近年日立製作所が進めてきたM&Aの影響です。冒頭でも触れたように、日立製作所は、中核となる上場子会社の完全子会社化を実施してきました。さらに2020年7月には、スイスABBのパワーグリッド（送配電）事業を7,400億円で買収しています（株式の約8割を取得、2022年12月に完全子会社化）。そのため、**無形固定資産には多額ののれん（1兆1,610億円）などが計上されている**のです。これが、日立製作所における無形固定資産が増加してきた理由です。

さらに、B／Sの右側（負債・純資産サイド）の構成について見てみる
と、流動負債が4兆5,970億円、非流動負債（固定負債に相当）が2兆
7,980億円計上されています。そのうち、有利子負債（借入金・社債）が
流動負債に6,910億円、非流動負債に1兆7,060億円含まれています。
上記の事業買収などに必要な資金を、有利子負債も活用して調達してき
たためです。なお、資本（純資産に相当）は4兆4,580億円で、**自己資本
比率は38%**となっています。

日立製作所が進めてきたグループ事業再編

　ここで、あらためて日立製作所が進めてきた主なグループ事業再編を
見てみましょう（右ページ）。

　この表からは、**日立製作所が非中核事業を切り離してきた一方で、中
核事業となるグループ会社の完全子会社化や、積極的な事業買収を行っ
てきた**ことがわかります。

　非中核事業については、HDD（ハードディスクドライブ）事業を皮切り
に売却を進めてきました。2017年3月期には、この期に売却した日立
工機が日立製作所の連結から外れ、株式の一部売却を行った日立物流や
日立キャピタルが連結子会社から持分法適用会社（関連会社）となった
ことで、これらの会社の資産や負債が連結B／Sに計上されなくなりま
した。冒頭の図で有利子負債の金額が2016年3月期の3兆6,040億円か
ら2017年3月期の1兆1,770億円へと大きく減少したのは、**日立キャピ
タル、日立物流及び日立工機の有利子負債が日立製作所の連結B／Sに
計上されなくなった**ことが主な原因です。

　また、先に述べたように、2020年4月には日立化成を昭和電工に売

日立製作所の主なグループ事業再編

		事業の切り離し・再編
2012年	3月	HDD事業を米ウエスタンデジタルに売却 中小型ディスプレイ事業を売却
2013年	7月	日立金属が日立電線を吸収合併
2016年	5月	日立物流の株式を一部売却し、持分法適用会社化
2016年	10月	日立キャピタルの株式を一部売却し、持分法適用会社化
2017年	3月	日立工機（電動工具事業）を売却
2018年	6月	日立国際電気の半導体製造装置事業を売却
2019年	3月	クラリオン（車載情報システム事業）を売却
2020年	4月	日立化成を売却
2021年	3月	画像診断関連事業を売却
2021年	4月	日立金属を売却すると発表（2023年1月に売却完了）
2022年	8月	日立建機株式の約26%を売却し、持分法適用会社化
		事業の取り込み・買収
2009年	7月	日立コミュニケーションテクノロジーを吸収合併
2010年	2月	日立情報システムズ、日立ソフトウェアエンジニアリング、日立システムアンドサービスを完全子会社化
2010年	4月	日立プラントテクノロジーを完全子会社化（2013年4月に吸収合併）
2014年	3月	日立メディコを完全子会社化
2020年	5月	日立ハイテクを完全子会社化
2020年	7月	スイスABBからパワーグリッド事業を買収（2022年12月に完全子会社化）
2021年	7月	米グローバルロジックを買収

却し、2021年4月には日立金属をベインキャピタル連合に売却すると発表しています（2023年1月に売却を完了）。

その一方で、**日立製作所は中核事業と位置づけたグループ会社の完全子会社化なども行ってきました。**先述のように、2020年7月にはスイ

スABBからパワーグリッド事業を買収しています。これらに必要な資金は、事業売却などによって得た資金のほか、有利子負債によって調達した資金を充当してきました。これが、近年の日立製作所のB／Sにおいて多額の有利子負債が計上されることとなった理由です。

　加えて、日立製作所は2021年7月に、デジタルトランスフォーメーション支援サービスを手がけるデジタルエンジニアリング会社である、米グローバルロジックを買収しました。有利子負債の返済を含む買収金額（見込み）は96億ドル（日立製作所公表ベースで1兆368億円）とされ、日立製作所にとっては過去最大規模の企業買収となりました。

　この買収の結果、日立製作所の2022年3月期第3四半期における無形固定資産は3兆2,470億円に、流動負債と固定負債における有利子負債はそれぞれ1兆8,980億円、1兆6,180億円となりました。有利子負債総額は3兆5170億円に上り、**2021年3月期と比較して47％も増加**しています。

　日立建機の株式を売却するに至った背景には、**売却によって得られる1,825億円の資金を、こうした有利子負債を返済する原資にあてたい**という思惑があったと推測されます。これが日立建機の株式を売却した1つ目の理由です。

「投資の方向性が違う」日立建機の決算書

　日立建機株式売却の2つ目の理由を探るために、日立建機の決算書（右ページ）についても見ていきます。

　こちらもP／Lから解説しましょう。売上高8,130億円に対し、売上

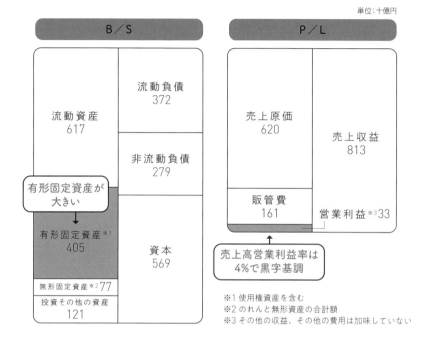

日立建機（2021年3月期）

単位：十億円

B／S

流動資産 617	流動負債 372
	非流動負債 279
有形固定資産が大きい → 有形固定資産※1 405	資本 569
無形固定資産※2 77	
投資その他の資産 121	

P／L

| 売上原価 620 | 売上収益 813 |
| 販管費 161 | 営業利益※3 33 |

売上高営業利益率は4％で黒字基調

※1 使用権資産を含む
※2 のれんと無形資産の合計額
※3 その他の収益、その他の費用は加味していない

原価は6,200億円（原価率76％）、販管費は1,610億円（販管費率20％）となっており、営業利益（その他の収益・費用は加味していません）は330億円、売上高営業利益率は4％です。

　日立建機の業績は黒字基調が続いており、決して利益を稼げていない会社ではありません。したがって、P／L上の業績が売却の理由とは考えにくいところです。

　むしろ、売却の理由はB／Sから見える日立建機の事業特性にありそうです。

B／Sの左側において最大の金額を占めているのは流動資産（6,170億円）ですが、**次いで大きいのは有形固定資産（4,050億円、使用権資産を含む）**です。ここには、建機の製造設備のほか、レンタル用の建機などが計上されており、**総資産に占める有形固定資産は3分の1と大きな割合**となっています。

　これは、日立建機が建機の新車販売から部品販売やアフターサービス、レンタルや中古車販売など、**建機のバリューチェーン全体で収益を上げるビジネスモデルを構築している**ことにその理由があります。下に示した図のように、2021年3月期の有価証券報告書から日立製作所における有形固定資産の保有状況をセグメント別にまとめてみると、**日立**

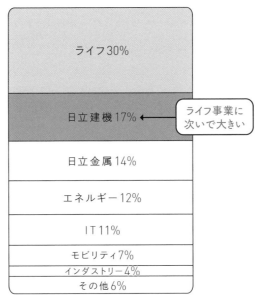

日立製作所（2021年3月期）— 事業別有形固定資産 の割合

ライフ30%

日立建機17%　← ライフ事業に次いで大きい

日立金属14%

エネルギー12%

IT 11%

モビリティ7%

インダストリー4%

その他6%

※ 使用権資産を含む。全社及び消去は含めていない

建機の有形固定資産は家電や自動車関連事業を手がけるライフ事業に次いで大きいのです。

　日立製作所は、さまざまな事業領域の製品に加えて、最先端のIT技術を活用したソリューションを提供する事業に軸足を移しています。先に述べたグローバルロジックの買収は、こうした事業戦略を具現化する方策のひとつです。日立製作所のある幹部社員は、**有形固定資産への投資が重要な日立建機と、ソフトウエアやシステムなどのデジタル技術への投資が重要な日立製作所の間では「投資の方向性は異なる」とコメントしています**（2022年1月14日付日本経済新聞朝刊）。これが日立建機の株式を売却した2つ目の理由です。

日立建機の株式を一部売却にとどめた 「ある事情」とは？

　投資の方向性が異なる日立建機と日立製作所ですが、先に述べたとおり日立製作所が売却したのは日立建機株式の約26％です。日立製作所は、引き続き約25.4％の株式を保有し続けることになります。当然のことながら、すべての株式を売却したほうが得られる資金は大きくなるわけですが、株式の一部を引き続き保有し、日立建機を持分法適用会社とする理由は何なのでしょうか。

　その理由は、**日立建機が手がける建機事業が、日立製作所の中核事業と高い親和性を有している**ためです。

　日立製作所は、「Lumada（ルマーダ）」と呼ばれるIoT関連事業に注力しています。Lumadaとは、illuminate（照らす）とdata（データ）を組み合わせた造語で、日立製作所の持つデジタル技術を活用し、顧客が持

つデータから新たな知見を引き出すことでデジタルトランスフォーメーション（DX）を加速させるためのソリューションやサービス、テクノロジーの総称とされています。

　このLumada事業の売上収益1兆370億円のうち、1,970億円は日立建機関連なのです（2020年3月期）。これは**割合にして20％弱であり、年率10％を超える成長も見込まれています。**

　日立製作所が日立建機を完全に手放すのではなく、持分法適用会社としてグループに残した背景には、引き続き日立建機と連携し、Lumada事業を拡大していきたいとの意図があります。これが、日立製作所が日立建機株式を「一部売却」にとどめた理由なのです。

Point

この事例のポイント！

　ここでは、日立製作所のグループ事業再編と決算書の関係性を見てきました。中核となる子会社の完全子会社化やM&Aにより、日立製作所の無形固定資産は増加してきています。また、M&Aなどに必要な資金を有利子負債により調達してきたため、近年の有利子負債の金額も増加してきました。

　その一方で、非中核事業を手がける子会社を売却するなどして、持分法適用会社や非連結会社とすることにより、それらの会社の有利子負債が連結B／Sに計上されなくなったことが、2017年3月期の有利子負債減少の主な要因でした。

　日立建機株式の一部売却は、こうしたグループ事業再編の総仕

上げともいえる段階で行われました。売却理由としては、売却資
金を有利子負債の返済の原資としたいこと、そして日立建機の投
資の方向性が日立製作所とは異なることの2点が挙げられます。

　ただし、日立建機の事業は日立製作所が推進するIoT事業と深
い親和性があるため、完全売却は得策でないと判断されたと推測
されます。そのため、「一部売却」にとどめたのです。

インフロニアHDの無形固定資産が4年で190倍になった理由

ゼネコンの「脱請負工事」に向けた
欧州流の新たな戦略とは？

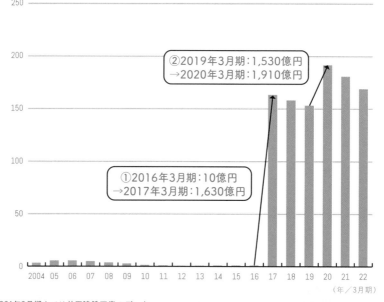

▸ 無形固定資産が「190倍」になった理由とは？

インフロニアHDの無形固定資産の推移

(十億円)

②2019年3月期：1,530億円
→2020年3月期：1,910億円

①2016年3月期：10億円
→2017年3月期：1,630億円

2004 05 06 07 08 09 10 11 12 13 14 15 16 17 18 19 20 21 22

(年／3月期)

※ 2021年3月期までは前田建設工業のデータ

ここでは、準大手ゼネコンであるインフロニア・ホールディングス（以下、インフロニアHD）を取り上げます。インフロニアHDは、2021年10月に前田建設工業、前田道路及び前田製作所によって設立された共同持株会社です。インフロニアHDが設立されたことにより、前田建設工業、前田道路、前田製作所の3社はインフロニアHDの完全子会社となりました。

左ページの図は、インフロニアHD（2021年3月期以前はその前身である前田建設工業）の無形固定資産の推移をまとめたものです。

これによれば、**2016年3月期に10億円だった無形固定資産は2017年3月期に1,630億円へと急増**（図中の①）。**その後、2020年3月期には1,910億円へとさらに増加しました**（同②）。

この2回にわたる無形固定資産の増加は何によるものだったのでしょうか。インフロニアHDの決算書と戦略を照らし合わせながら解説していきましょう。

インフロニアHDの決算書の特徴

次ページの図は、インフロニアHDの決算書（2022年3月期）を比例縮尺図に図解したものです。

まず、右側のP／Lから見ていきましょう。売上高が6,830億円であるのに対し、売上原価は5,910億円（原価率87%）、販管費は540億円（販管費率8%）となっています。営業利益は370億円で、**売上高営業利益率は5%**です。

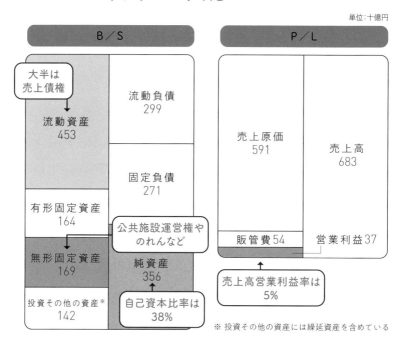

インフロニアHD（2022年3月期）

単位：十億円

B／S

大半は
売上債権

流動資産
453

流動負債
299

固定負債
271

有形固定資産
164

公共施設運営権や
のれんなど

無形固定資産
169

純資産
356

投資その他の資産※
142

自己資本比率は
38%

P／L

売上原価
591

売上高
683

販管費54

営業利益37

売上高営業利益率は
5%

※ 投資その他の資産には繰延資産を含めている

　続いて、B／Sについても見ていきます。B／Sの右側（負債・純資産サイド）には流動負債が2,990億円、固定負債が2,710億円計上されています。このうち、有利子負債としては流動負債に借入金が860億円、固定負債には社債と借入金が1,080億円含まれています。純資産は3,560億円で、**自己資本比率は38%**です。

　B／Sの左側（資産サイド）で最大の金額となっているのは、流動資産（4,530億円）です。流動資産の大半は、受取手形・完成工事未収入金等（売上債権）であり、計上された金額は3,110億円です。この**売上債権の金額は、売上高の166日分に相当**します。ゼネコンの売上債権の平均的な水準はおおよそ売上高の120〜140日分となっています。それをや

や上回ってはいるものの、インフロニアHDでも同様の傾向となっているといえそうです。

　有形固定資産は1,640億円計上されています。これは、子会社である前田建設工業や前田道路などが保有する本社や支社、営業所などの建物、機械、土地といった資産です。

　投資その他の資産（繰延資産を含む）は1,420億円で、そのほとんどは投資有価証券（1,200億円）で占められています。有価証券報告書によれば、この投資有価証券の多くは取引先の株式で、いわゆる政策保有株式であることがわかります。

　そして、無形固定資産が1,690億円計上されています。これは、流動資産に次いで2番目に大きい金額となっています。無形固定資産の中で大きな金額を占めているのは、公共施設等運営権（1,100億円）、そして公共施設等運営事業の更新投資に係る資産（240億円）です。これは、**インフロニアHDが施設運営を受託している愛知県有料道路運営等事業の運営にかかわる権利が資産として計上されたもの**です。

　後ほど詳しく説明しますが、**インフロニアHDでは公共施設の運営権を取得し、その運営を通して収益を得る「コンセッション」事業を拡大**しています。この運営権が計上されたことが、2017年3月期に無形固定資産が急増した理由です。

　また、無形固定資産にはのれんも200億円計上されています。これは、2020年3月に前田建設工業が当時の関連会社であった前田道路に対してTOB（株式公開買付）を行い、買収した際に計上されたものです。

このTOBに対しては、前田道路が反対を表明したために敵対的TOBとなったことでも注目を集めましたが、**最終的には当該TOBが成立し、前田道路は前田建設工業の子会社となりました。**

これが、2020年3月期に無形固定資産がさらに増加して1,910億円となった理由です。その後、共同持株会社であるインフロニアHDを設立して前田道路が前田建設工業、前田製作所とともにインフロニアHDの完全子会社となったのは冒頭で述べたとおりです。

存在感を増すコンセッション事業と前田道路買収の理由

インフロニアHDが手がけているコンセッション事業の案件は愛知県有料道路運営等事業だけではありません。下の表は、インフロニアHD（前田建設工業）におけるコンセッション事業の動向をまとめたものです。

インフロニアHD（前田建設工業）は2015年12月の仙台空港特定運営事業等を皮切りに、2016年8月の愛知県有料道路運営等事業、2018年4月の愛知県国際展示場コンセッション、2021年5月の愛知県新体育館

インフロニアHD（前田建設工業）におけるコンセッション事業の動向

年	月	概要
2015	12	仙台空港特定運営事業等に関する実施契約を締結
2016	8	愛知県有料道路運営等事業の実施契約を締結
2018	4	愛知県国際展示場コンセッションの実施契約を締結
2021	5	愛知県新体育館整備・運営等事業の特定事業契約を締結
2021	10	大阪市工業用水道特定運営事業等の実施契約を締結
2022	7	三浦市公共下水道（東部処理区）運営事業における優先交渉権者として選定

整備・運営等事業、2021年10月の大阪市工業用水道特定運営事業等といったコンセッション案件の契約を締結してきています。また、2022年7月には6つ目の事業となる三浦市公共下水道（東部処理区）運営事業の優先交渉権者として選定されました。

　その結果、**インフロニアHDの業績におけるコンセッション事業の存在感は確実に高まりつつあります。**

　下の図にまとめた事業別売上高と営業利益の割合を見ると、**コンセッション事業に相当する「インフラ運営事業」の売上高は全体の3%にすぎませんが、営業利益では17%を占めるに至っています。**

インフロニアHDの事業別売上高、営業利益の割合（2022年3月期）

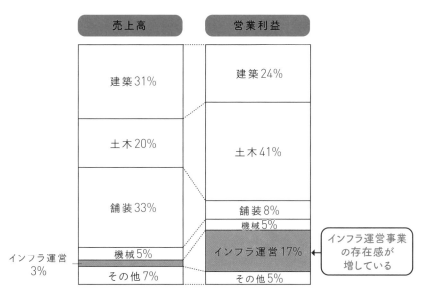

※ 売上高、営業利益には「調整額」を含めていない（セグメント間取引を相殺消去していない）

建築事業の売上高営業利益率が4％、土木事業では10％、舗装事業では1％であるのに対し、**インフラ運営事業の売上高営業利益率は32％と非常に高い水準にある**からです。

　コンセッション事業における収益は、空港利用料や高速道路の通行料だけではありません。こうしたインフラに付帯する商業施設の開発などでも利益を上げていくこととなります。

　インフロニアHDが運営を行っている愛知県の有料道路（知多半島道路など）では、「愛知多の種」というブランドでパーキングエリアの新設や既存パーキングエリアのリニューアルが行われていますが、これはインフロニアHDの子会社である愛知道路コンセッションが手がけたものです。

　こうした**施設の建設や運営でも利益を上げていくというのがコンセッション事業の枠組み**です。また、施設の整備に関連する工事を受注することで、インフロニアHDの利益に対する貢献をさらに高めていくことも期待できます。

　インフロニアHDの社長である岐部一誠氏によれば、インフラ運営事業の利益について「セグメント利益で全体の3割程度、関連する工事の受注も考慮すると実質5割の貢献度を目標としている」ということです（2022年7月20日付日本経済新聞電子版）。

　建設事業者が施設運営・管理といった事業リスクをとることで高い利益率を上げていく、というのがコンセッション事業の特徴であるといえます。

また、先に述べた前田道路に対する敵対的TOBの狙いのひとつも、コンセッション事業を展開していくことと密接なかかわりがあったと捉えたほうがよさそうです。道路の補修にたけた前田道路が子会社になることで、運営管理の総合力が高まると岐部氏は考えたといいます（日経ビジネス2021年9月20日号）。

なぜインフロニアHDは
コンセッション事業に注力するのか？

　ではなぜ、インフロニアHDはコンセッション事業に注力するのでしょうか。

　そのカギは、インフロニアHDが前田建設工業時代から経営戦略の柱として掲げている「脱請負」という考え方にあります。

　通常、建設工事は請負契約に基づいて行われます。これは、建設会社が工事金額の見積もりを行い、発注者との間で結んだ契約に基づく価格で建設工事を完成させるという契約形態です。建設業者は、事業リスクを負わずに工事報酬を得ることができます。

　しかしながら、こうした**請負契約に基づく工事の利益率は決して高くはありません**。建設業者が事業リスクを負っていないうえに、発注者が建物などの仕様を決めているため、工事価格以外での差別化が難しいためです。

　一方で、一般に請負契約に基づく工事期間は長期間に渡るため、その間の人件費や資材価格変動のリスクを抱えています。

下の図は、インフロニアHD（2021年3月期までは前田建設工業）の業績の推移をまとめたものです。折れ線で示した売上高営業利益率に注目してみましょう。2004〜2016年3月期の売上高営業利益率は平均で1%と低水準です。特に、2008年3月期、2013年3月期においては営業赤字となっています。

　有価証券報告書によれば、2008年3月期については「建設コストの上昇による採算の悪化」などが、2013年3月期については海外大型工事における「工事採算の悪化」と国内工事の「建設コストの上昇」などが営業赤字の主な要因だったとされています。

インフロニアHDの売上高、営業利益、売上高営業利益率の推移

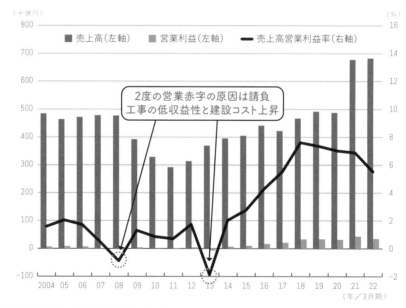

※ 2021年3月期までは前田建設工業のデータ

また、インフロニアHDのホームページ上のコラムで岐部氏が述べているように、**今後の人口減少と社会保障費の増加を考えれば、建設市場が拡大することは考えられない状況**にあります。

　そんな中でインフロニアHDが生き残りのヒントを見出したのが、欧州先進国の建設会社の戦略でした。

　こうした国々の建設会社は、低コストを武器とするEU新規加盟国の建設会社に押されて請負工事では利益を出せなくなり、1990年代半ば以降にコンセッション事業へと軸足を移したのです。

　いってみれば、**製造業からサービス業への転換を果たした**わけです。また、**建設需要の動向に大きく業績を左右される請負工事に対し、コンセッション事業であれば長期的な安定収入が見込める**というメリットもあります。

　以上のように、「脱請負」を経営戦略の柱として掲げてコンセッション事業を拡大しつつあるインフロニアHDですが、課題もあります。

　そのひとつは、**運営権取得による無形固定資産の増加がB／Sの規模を膨張させるため、資産効率（資本効率）が低下すること**です。

　こうした構造的な問題を踏まえて、前出の日本経済新聞電子版の記事において岐部氏は「インフラ運営事業の売買が成立するセカンダリーマーケット（流通市場）ができてこないとコンセッション事業は活性化できない」と述べています。軌道に乗った投資プロジェクトを市場で売却し、投資を回収できるようにならなければ、資産効率低下の問題を解決することができないからです。

そこでインフロニアHDは、東急との共同出資会社であるグローバル・インフラ・マネジメントを通じて、2022年7月にふたつのインフラ投資ファンドを立ち上げました。

　こうした取り組みなどにより、インフラ運営事業のセカンダリーマーケットを確立していけるかどうかも、今後インフロニアHDがコンセッション事業を拡大していく上でのひとつのカギを握っているといえるでしょう。

Point

この事例のポイント！

　長期的には建設市場が拡大することが望めない以上、ゼネコンをはじめとした建設会社はこれまでの主力であった「請負工事」から脱却しなければなりませんが、その道のりは決して簡単なものではありません。

　その中にあって、インフロニアHDは「脱請負」に向けて一歩踏み出した事例であるといえるでしょう。インフラ事業の運営を受託し、事業リスクをとることで高い収益性を実現しようという試みです。

　こうした新たなビジネスモデルのヒントは、EUにおける請負工事で利益を出すことが難しくなった欧州先進国の建設会社にありました。

　岐部氏らが周到に準備してきたコンセッション事業はその成果

を生み出しつつありますが、コンセッション事業にはB／Sを肥大化させるという「副作用」もあります。今後コンセッション事業を拡大していくためには、セカンダリーマーケットの確立によって投資プロジェクトの売却による投資回収を可能とする、いわゆる出口戦略の整備が欠かせません。

稼げる体質に
変貌を遂げた
ルネサスが抱えたリスク

ルネサス エレクトロニクスの
経営改革と課題

▸ 収益性の回復と無形固定資産増加の理由は？

ルネサス エレクトロニクスの無形固定資産と売上高営業利益率の推移

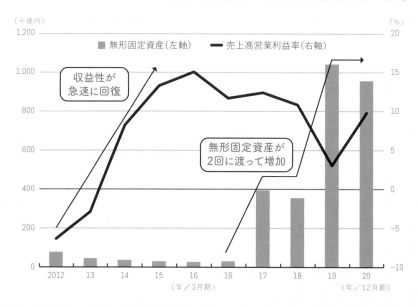

※ 2016年12月期までは日本基準、2017年12月期以降はIFRSによる。2016年12月期は9カ月の変則決算。営業利益の計算にあたってはその他の収益、その他の費用を加味していない

このSectionでは、半導体メーカーのルネサス エレクトロニクス（以下、ルネサス）の決算書と戦略を読み解いていきましょう。ルネサスは、2003年に日立製作所と三菱電機の半導体事業を分社化、統合して設立されたルネサステクノロジと、NECの半導体部門であるNECエレクトロニクスが2010年に合併することで生まれた日本の半導体メーカーです。

日本メーカーの半導体シェアが下がり続ける中で生まれたルネサスの業績は当初より厳しいものでした。左ページの図を見ると、2012年3月期、2013年3月期と2期連続で売上高営業利益率はマイナスで、営業赤字に陥っています。しかしながら、その後ルネサスの収益性は急速に回復し、半導体メーカーとして稼げる体質の会社へと変貌を遂げてきました。

さらに、2017年12月期、2019年12月期の2回にわたって、ルネサスの無形固定資産は増加しています。これは、ルネサスの行ってきた事業構造改革と関係があります。

ルネサスが行ってきたこれまでの事業構造改革の歩みを振り返りながら、ルネサスがどのようにして稼げる会社になってきたのか、そして今ルネサスが抱えるリスクとは何か、決算書から読み解いていくことにしましょう。

稼げる体質へと変貌を遂げたルネサス

次ページの図は、2012年3月期（日本基準）と2020年12月期（IFRS）におけるルネサスのP／Lを比較したものです。

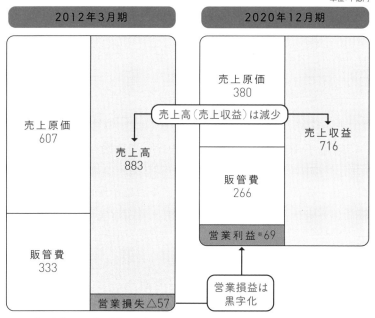

ルネサス エレクトロニクスの P／L 比較

単位：十億円

2012年3月期

売上原価
607

売上高
883

販管費
333

営業損失△57

2020年12月期

売上原価
380

売上高（売上収益）は減少

売上収益
716

販管費
266

営業利益※69

営業損益は
黒字化

※ その他の収益、その他の費用は加味していない

　これによると、売上高（売上収益）は2012年3月期には8,830億円だったものが、2020年12月期には7,160億円に減少しています。その一方で、**営業損益は2012年3月期には570億円の赤字だったところから、2020年12月期には690億円の黒字**となっています。**売上高は減少したものの、利益を稼げる会社になってきている**ことが読み取れます。

　ここからは、発足してから2期目にあたる2012年3月期のルネサスにおける赤字の理由を振り返るとともに、その後の事業構造改革の歩みをたどってみましょう。

ルネサスはなぜ赤字体質だったのか？

　下の図は、2012年3月期におけるルネサスの決算書です。

　B／Sの左側（資産サイド）では、流動資産（4,100億円）が最大の金額を占めており、その中には現金及び預金が1,120億円、受取手形及び売掛金が1,030億円計上されています。

　次いで大きいのは有形固定資産（3,070億円）で、主力工場である那珂事業所などの半導体生産設備が計上されています。半導体の生産にはク

ルネサス エレクトロニクス（2012年3月期）

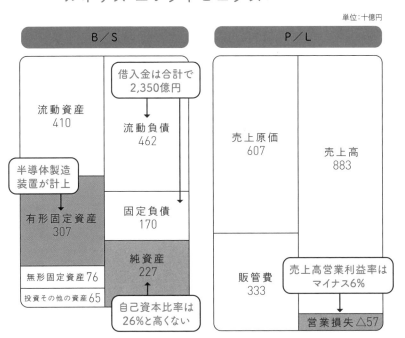

単位：十億円

B／S

借入金は合計で
2,350億円

流動資産
410

流動負債
462

半導体製造
装置が計上

有形固定資産
307

固定負債
170

無形固定資産76

投資その他の資産65

純資産
227

自己資本比率は
26％と高くない

P／L

売上原価
607

売上高
883

販管費
333

売上高営業利益率は
マイナス6％

営業損失△57

リーンルームが必要とされることもあり、製造設備は大規模なものになります。こうした特徴が、ルネサスのB／Sにも表れているといえそうです。

　B／Sの右側（負債・純資産サイド）に目を移してみると、流動負債が4,620億円、固定負債が1,700億円計上されており、その中には借入金がそれぞれ2,030億円、330億円含まれています。**設備投資などに必要な資金を、有利子負債も活用して調達してきた**状況がうかがえます。

　一方、純資産は2,270億円で、自己資本比率は26％です。**上場電子部品メーカーの自己資本比率の平均が60〜70％であることと比較すると、当時のルネサスの自己資本比率の水準は決して高いとはいえません。**

　すでに見てきたように、P／Lにおいては570億円の営業赤字を計上しています。**売上高営業利益率はマイナス6％**です。営業赤字に陥っていた背景には、リーマン・ショックに端を発した半導体市況の悪化や東日本大震災などの外部環境要因に加え、ルネサスの製品構成にも原因がありました。

　当時のルネサスの主力製品のひとつと位置づけられていた携帯電話（フィーチャーフォン）向けSoC（System on a Chip、コンピュータの中枢となる機能を統合した半導体チップ）の市場が、スマートフォンへの急速なシフトにより大きく縮小していたのです。2012年3月期の有価証券報告書には、「民生用電子機器向けや携帯端末向け半導体の売上が減少」したことにより、SoC事業の売上高が前期に比べて35.5％減少したと記述されています。**最終製品の市場動向を読み違えたことが、ルネサスにおける営業赤字の原因の一端**だったのです。

ルネサスが行った事業構造改革とその成果

　こうした状況を改善するべく、ルネサスは事業構造改革に取り組みます。下の表は、同社における2012年3月以降の主な事業構造改革の流れをまとめたものです。

　ルネサスは、業績の悪化を受け、不採算事業の売却を進めました。2012年3月に携帯電話向けのパワーアンプ事業を村田製作所に、2013年10月には携帯電話用のシステムLSI（大規模集積回路）を手がけていたルネサスモバイル・ヨーロッパとルネサスモバイル・インドを米半導体大手のブロードコムに売却し、携帯電話用システムLSI事業から撤退しています。

　また、2014年3月にはゲーム機用半導体などを手がけていたルネサ

ルネサス エレクトロニクスの主な事業構造改革

年	月	概要
2012	3	携帯電話向けのパワーアンプ事業およびルネサス東日本セミコンダクタ長野デバイス本部の事業を村田製作所に売却
2012	7	ルネサス北日本セミコンダクタの津軽工場を富士電機に売却
2013	9	産業革新機構、トヨタ自動車などを割当先とする第三者割当増資を実施
2013	10	ルネサスモバイル・ヨーロッパとルネサスモバイル・インドをブロードコムに売却
2014	3	ルネサス山形セミコンダクタの鶴岡工場をソニーセミコンダクタに売却
2017	2	米インターシルの全株式を取得し、完全子会社化
2019	3	米インテグレーテッド・デバイス・テクノロジー（IDT）の全株式を取得し、完全子会社化

ス山形セミコンダクタの鶴岡工場をソニーセミコンダクタに売却しました。**不採算であった携帯電話や民生用向けの半導体事業を次々と売却していった**のです。

　また、2013年9月には産業革新機構やトヨタ自動車からの支援を取り付けて第三者割当増資を実施し、1,500億円の資金を調達しています。この第三者割当増資により、**産業革新機構はルネサス株の69.15%を保有する筆頭株主となり、ルネサスは事実上国有化**されることとなりました。

　その後、ルネサスは大型M&Aで反転攻勢に打って出ます。2017年2月には車載・産業用の電圧制御用アナログ半導体などに強みを持つ米インターシルを32億1,900万ドル（ルネサス公表ベースで3,219億円）で買収。2019年3月には情報処理用アナログ半導体を手がける米インテグレーテッド・デバイス・テクノロジー（IDT）を67億ドル（同7,330億円）で買収しました。**2社合計で1兆円を超える巨額買収を行うことにより、アナログ半導体事業の強化を進めた**のです。

　ルネサスの製品別売上構成比を2012年3月期と2019年12月期で比較してみましょう（右ページ）。

　これによれば、携帯電話や民生用から撤退したSoCの割合が低下している一方で、マイコンやアナログ半導体、パワー半導体の割合が増加しています。**事業構造改革の結果、製品構成が大きく変化した**様子が見て取れます。

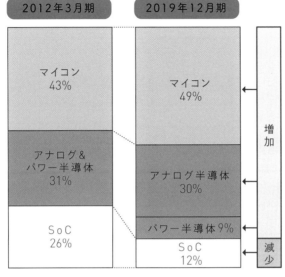

ルネサス エレクトロニクスの製品別売上構成比

2012年3月期

- マイコン 43%
- アナログ＆パワー半導体 31%
- SoC 26%

2019年12月期

- マイコン 49%
- アナログ半導体 30%
- パワー半導体 9%
- SoC 12%

増加

減少

※ 2012年12月期における「その他半導体」と「その他」の売上高は除いて試算
（出所）有価証券報告書およびAnalyst Day 資料（2020年2月17日）より筆者作成

「稼げる会社」へと変貌を遂げた
ルネサスが抱えたリスクとは？

　事業構造改革によりルネサスは大きく生まれ変わりました。

　では、決算書はどのように変わったのでしょうか、また現在の課題とは何かについても見ていきましょう。

　次ページの図は、2020年12月期におけるルネサスの決算書を図解したものです。

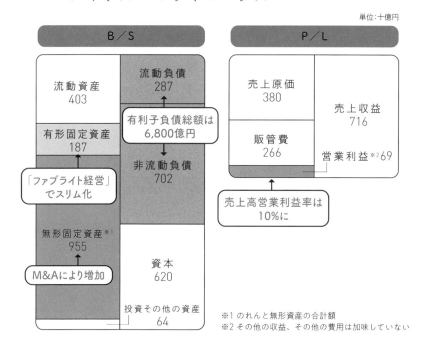

ルネサス エレクトロニクス（2020年12月期）

単位：十億円

B／S

流動資産 403	流動負債 287
有形固定資産 187	有利子負債総額は 6,800億円
「ファブライト経営」でスリム化	非流動負債 702
無形固定資産※1 955	
M&Aにより増加	資本 620
投資その他の資産 64	

P／L

| 売上原価 380 | 売上収益 716 |
| 販管費 266 | 営業利益※2 69 |

売上高営業利益率は 10％に

※1 のれんと無形資産の合計額
※2 その他の収益、その他の費用は加味していない

　P／Lから見ていくと、売上収益が7,160億円であるのに対し、売上原価は3,800億円（原価率53％）、販管費は2,660億円（販管費率37％）となっており、営業利益（その他の収益・費用は加味していません）は690億円計上されています。**売上高営業利益率は10％**です。事業構造改革の結果、ルネサスは「稼げる会社」に変貌を遂げたのです。

　また、B／Sも大きく変化しています。まず目につくのは、**B／Sの左側（資産サイド）において無形固定資産（9,550億円）が大きな割合を占めている**ことです。ルネサスにおける無形固定資産は、資本（純資産に相当）の金額である6,200億円を大きく上回る規模となっています。

この無形固定資産の正体は、主に米インターシルと米IDTを買収したことによって生じた「のれん」と「無形資産」です。これが、冒頭のグラフで2017年12月期と2019年12月期の2回にわたって無形固定資産が大きく増加した理由です。

　なお、ルネサスが採用しているIFRSでは、のれんの償却を行う必要はありませんが、買収先から得られる将来キャッシュ・フローの予想が大きく減少した場合、のれんを減損しなければならなくなるリスクをはらんでいます。

　また、有形固定資産は1,870億円となっており、2012年3月期の3,070億円から減少していることがわかります。これは、**ルネサスが自社工場での生産をできるだけ抑えて、外部への製造委託を活用する「ファブライト経営」を推進してきたため**です。

　B/Sの右側（負債・純資産サイド）に目を向けると、**買収に必要な資金を有利子負債によって調達したため、社債及び借入金が流動負債に930億円、非流動負債に5,870億円計上されています**。その総額は6,800億円に上ります。

　さらに、ルネサスは2021年8月に英ダイアログ・セミコンダクターを48億ユーロ（ルネサス公表ベースで6,240億円）で買収しており、2021年12月期第3四半期のB/Sによれば、無形固定資産は1兆5,470億円、流動負債と非流動負債をあわせた社債及び借入金の総額は8,800億円にそれぞれ増加しています。

　したがって、**ルネサスとしては、買収先とのシナジー（相乗効果）を追求することで業績を上げ、「のれん」の減損リスクを顕在化させないよ**

うにするとともに、有利子負債の返済を進めて自己資本を充実させていくことが重要です。

Point

この事例のポイント！

　赤字体質からのスタートとなったルネサスですが、不採算事業の売却などにより収益性を急回復させることに成功しました。

　それに加え、2017年には米インターシルを、2019年には米IDTを買収することによりアナログ半導体事業を強化してきました。また、保有する有形固定資産を軽くする「ファブライト経営」も進めてきました。こうした取り組みの結果、ルネサスは利益を稼げる体質の会社へと変貌を遂げたのです。

　一方で、度重なる大型M&Aの結果、ルネサスの無形固定資産と有利子負債は膨張しています。2021年の英ダイアログ・セミコンダクター買収で、そうした傾向はより顕著になりました。

　無形固定資産の増大は、買収事業から得られる将来キャッシュ・フローの減少が見込まれる際には大きな減損損失を計上しなければならないリスクをはらんでいます。また、有利子負債依存度が高まることは、ルネサスの財務基盤を弱体化させる危険性があります。

　今後、ルネサスは稼げる体質をさらに強化しながら、こうしたリスクにも対応していくことが求められているといえます。

Chapter

5

倒産&粉飾と決算書

決算書から
倒産や粉飾を
読み解く

倒産＆粉飾企業の見極めには
キャッシュ・フロー計算書が重要

▶ 優良企業に見えるモリモトの決算書の問題点とは？

モリモトの売上高、経常利益、売上高経常利益率の推移

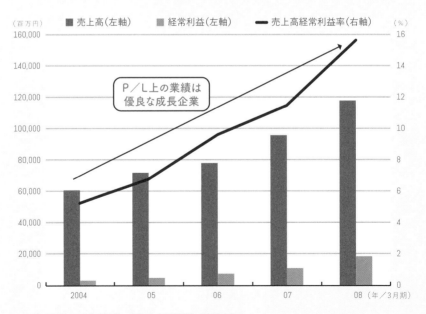

（百万円）　■売上高（左軸）　　■経常利益（左軸）　　━売上高経常利益率（右軸）　（%）

P／L上の業績は
優良な成長企業

※ 2005年3月期までは個別決算、2006年3月期以降は連結決算

このChapterでは、倒産企業や粉飾決算企業の決算書データを使って、「危ない決算書」を読み解いていきましょう。

まずは、最も基本的なデータとなるCF計算書の読み解き方について説明します。

上場企業などでCF計算書の作成が義務付けられたのは、2000年3月期（正確には1999年4月1日以降に開始する事業年度）からで、CF計算書は比較的歴史の浅い財務諸表です。

Chapter 1でも紹介した**「勘定合って銭足らず」**という言葉があります。これは、P／L上は黒字でありながらも倒産してしまう、「黒字倒産」の状況を表したものです。

P／L上の損益は黒字であったとしても、支払いに必要な資金が不足すれば、企業は倒産してしまいます。左ページに業績の推移を示した不動産会社モリモトは、2008年11月に倒産することになるのですが、P／L上の業績は優良な成長企業そのものです。そのため、**CF計算書を見ることで、会社における現金の動きを把握し、支払いに必要な現金が十分に足りているのかを知ることが倒産の危険性を見抜く上で重要な**のです。

また、**CF計算書は粉飾決算を見抜く上でも重要な武器**となります。粉飾決算を行っている企業では、P／Lはきれいに見えるようお化粧されていますが、CF計算書には苦しい台所事情が表れてしまうのです。

なぜなら、**現預金の金額をごまかすことは難しい**からです。会計監査を行うにあたって、会計監査人は必ず取引のある金融機関に対し、預金

残高を直接確認します。そのため、仮に現預金の残高を改ざんするような粉飾決算を行ったとしても、すぐに会計監査人に発見されてしまいます。

ですから、粉飾決算を行う会社が改ざんするのは、会計監査人がすべてを直接確認することが難しい資産（多くは売掛金などの売上債権や棚卸資産）ということになります。こうした資産の金額をごまかした場合、その会社のP／LやB／S、CF計算書がどのような姿になるのかについても、後ほど見ていくことにしましょう。

粉飾決算企業や倒産企業に多い CF のパターンとは？

CF計算書の基本構造については、Chapter 1の53～55ページで取り上げました。ここでは、その構造を頭に入れた上で、粉飾決算企業や倒産企業といった会社でよく見られるCF計算書のパターン（右ページ）について解説します。

まず、**粉飾決算企業や倒産企業の営業活動によるキャッシュ・フロー（営業CF）は、マイナスになっていることが多くなります。** こうした会社では、そもそも本業がうまくいっていないためです。営業CFがマイナスであるということは、事業を継続すればキャッシュの流出が続くことを意味しています。

こうなると、**経営は危機的な状況ですから、投資活動によるキャッシュ・フロー（投資CF）や財務活動によるキャッシュ・フロー（財務CF）でなんとか資金繰りをカバーしようとします。** 具体的には、資産売却により資金を捻出したり、あるいは取引のある金融機関から追加で借り入れを行ったり、といった金策に走ることとなります。

粉飾＆倒産企業でよく見られるCFのパターン

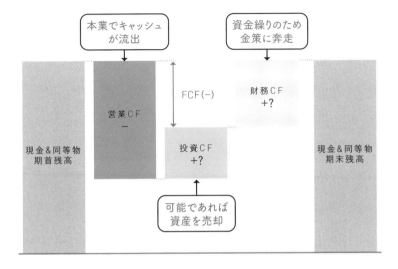

しかしながら、**売却可能資産や金融機関からの支援があるうちはなん とか生き延びることができますが、売却可能資産が底をつき、金融機関 からの支援が打ち切られた時点で、一気に現金保有残高が減少し、会社 としての命運が途絶えてしまうのです。**

不動産会社モリモトの決算書を読む

P／L上の利益は黒字であったにもかかわらず倒産してしまった事例 として、冒頭にも示した不動産会社のモリモトを取り上げます。

モリモトは、2008年2月に株式を東証二部に上場したものの、その 後資金繰りに行き詰まり、上場からわずか9カ月後の2008年11月28 日に民事再生法の適用を申請しました。

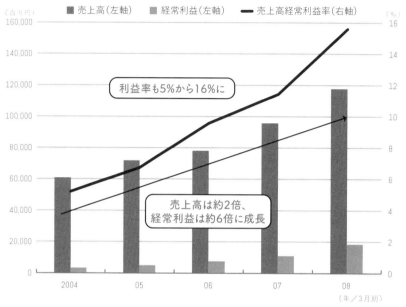

モリモトの売上高、経常利益、売上高経常利益率の推移

※ 2005年3月期までは個別決算、2006年3月期以降は連結決算

　なお、民事再生法の適用申請後のモリモト側の説明では、資金繰りに行き詰まった原因として、不動産市場の冷え込みから販売用在庫が膨らんだことが挙げられています。

　上の図は、本Sectionの冒頭にも示した、モリモトにおけるP／L上の業績推移をまとめたものです。

　これによれば、**売上高は2004年3月期の606億2,700万円から2008年3月期の1,176億3,700万円と2倍近くに伸びており、経常利益も同時期に31億4,900万円から183億3,700万円と6倍弱にまで増加しています。売上高経常利益率も5％から16％**となっており、これらを見

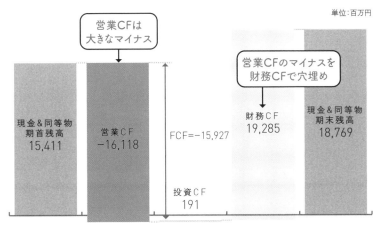

モリモトのCF計算書 (2008年3月期)

単位：百万円

営業CFは
大きなマイナス

営業CFのマイナスを
財務CFで穴埋め

現金＆同等物
期首残高
15,411

営業CF
−16,118

FCF=−15,927

財務CF
19,285

現金＆同等物
期末残高
18,769

投資CF
191

る限りは売上高も利益も順調に伸びている優良な成長企業です。

　続いて、CFのデータを確認してみましょう。上の図は、モリモトの
CF計算書（2008年3月期）をウォーター・フォール・チャートに落とし
込んだものです。

　この図によれば、**営業CFはマイナス161億1,800万円と大きな赤字
となっています**。じつは、過去の営業CFを見ても、2006年3月期には
マイナス296億3,200万円、2007年3月期にはマイナス368億7,500万
円と、いずれも大きな赤字になっていたのです。また、営業CFと投資
CFの合計であるFCFも同様で、3期連続で赤字が続いています。また、
FCFの赤字を埋めるために、財務CFは大きなプラスとなっています。
**事業活動によって不足した資金を、借り入れ等によってカバーしてい
る**、という構図です。

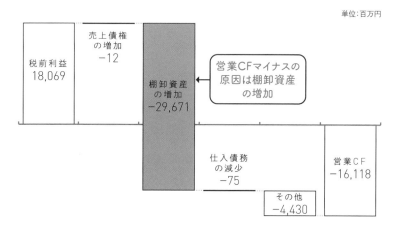

モリモトにおける営業CFの主な内訳（2008年3月期）

単位:百万円

税前利益
18,069

売上債権
の増加
−12

棚卸資産
の増加
−29,671

営業CFマイナスの
原因は棚卸資産
の増加

仕入債務
の減少
−75

その他
−4,430

営業CF
−16,118

　モリモトの営業CFの赤字について、もう少し詳しく見てみます。上の図は、2008年3月期におけるモリモトの営業CFの主な内訳を示したものです。

　モリモトの営業CFは間接法と呼ばれる方法で表示されているため、P／L上の税金等調整前当期純利益（税前利益）から出発し、さまざまな項目を調整することで計算されています。

　この図を見ると、**モリモトの営業CF赤字の主な原因は、棚卸資産（販売用不動産と仕掛不動産）の増加**であることがわかります。なお、棚卸資産の増加がキャッシュの減少として表示されているのは、棚卸資産を仕入れるのに現金が必要なためです。棚卸資産の増加は利益には直接影響しませんが、キャッシュ・フロー上はマイナスであるため、その分営業CFが減少するのです。

　棚卸資産の増加が営業CFを圧迫しているという状況は、**資金繰りに**

行き詰まった原因が不動産市場の冷え込みにより販売用不動産が膨らんだためであるとするモリモト側の説明と合致しています。

　また、こうした棚卸資産の増加は、B／Sにも表れています。下の図は、モリモトの2008年3月期におけるB／SとP／Lを比例縮尺図に図解したものです。

　この図によると、B／Sの左側（資産サイド）で最大の金額を占めているのは流動資産（2,174億5,500万円）ですが、その流動資産の中に棚卸資産が1,939億800万円計上されているのです。

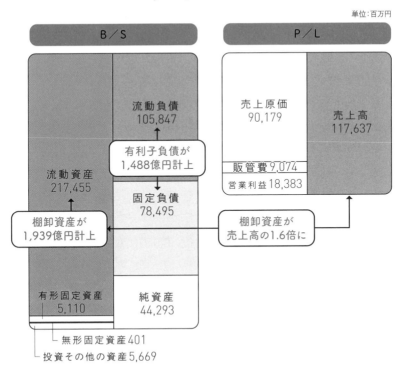

モリモト（2008年3月期）

単位：百万円

また、B／Sの右側（負債・純資産サイド）では流動負債が1,058億4,700万円、固定負債が784億9,500万円計上されており、その中には有利子負債（借入金と社債）がそれぞれ723億2,300万円、764億5,700万円含まれています。**不動産の仕入れに必要な資金のかなりの部分を有利子負債に依存している**状況がうかがえます。

　破綻後の記者会見で、モリモトの森本浩義社長は「本年（2008年）に入ってから、購入者の買い控えから在庫が増加し資金が固定化するなど、資金繰りは大変厳しい状況だった」と述べています（2008年11月30日付日経ヴェリタス）。

　成長を急ぐあまりに大量の販売用不動産を仕入れたものの、不動産市況の冷え込みにより不動産の売却をすることができなくなり、モリモトは資金不足に陥ってしまいました。

　その一方で、不動産を仕入れるための資金を調達する手段として有利子負債に依存していたため、リーマン・ショック後における金融機関の融資引き締めの影響を受け、不足資金を財務CFで穴埋めすることもできず、資金が枯渇してしまったのです。

半導体製造装置メーカーFOIの決算書を読む

　次に、半導体製造装置メーカーであるFOIの決算書を見ていきましょう。FOIは、2009年11月に東証マザーズに上場する際、架空売り上げを計上したことにより、上場から半年後の2010年5月に証券取引等監視委員会から強制調査を受けました。

　その後同社は破産。社長と専務は金融商品取引法違反で逮捕され、有

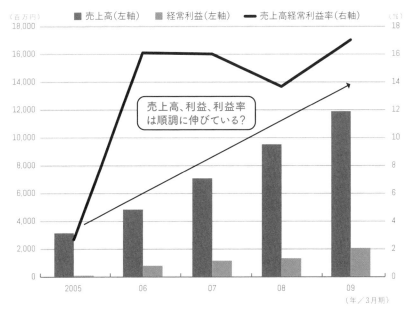

FOIの売上高、経常利益、売上高経常利益率の推移

（百万円）　■ 売上高（左軸）　■ 経常利益（左軸）　━ 売上高経常利益率（右軸）（％）

売上高、利益、利益率
は順調に伸びている？

2005　06　07　08　09
（年／3月期）

※ 2007年3月期までは個別決算、2008年3月期以降は連結決算

罪判決を受けています。また、上場時の主幹事証券会社であったみずほ証券に対しては、2020年12月に同社の賠償責任があるとする最高裁判決が出されました。

　まずは上に示したFOIのP／L上の業績データを見てみると、2005年3月期から2009年3月期にかけて、売上高、経常利益、売上高経常利益率は右肩上がりに伸びていることがわかります。P／L上のデータからは、業績には問題がないように見受けられます。

　CFはどうでしょうか。次ページの図は、FOIのCF計算書（2009年3月期）をウォーター・フォール・チャートに落とし込んだものです。

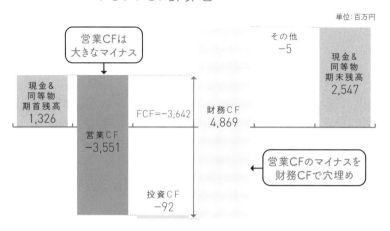

FOIのCF計算書（2009年3月期）

単位：百万円

営業CFは大きなマイナス

その他 −5

現金＆同等物期末残高 2,547

現金＆同等物期首残高 1,326

FCF=−3,642

財務CF 4,869

営業CF −3,551

営業CFのマイナスを財務CFで穴埋め

投資CF −92

　これによれば、**営業CFはマイナス35億5,100万円と、大幅な赤字になっている**ことがわかります。**投資CFもマイナスであるため、営業CFと投資CFをあわせたFCFも赤字**となっています。

　その結果、**FOIではキャッシュが不足している状況となっており、財務CFによってその穴埋めをしています**。具体的には、短期での借り入れや株式の新規発行による資金調達を行い、営業CFの赤字によるキャッシュ不足を補っています。

　以上から、P／L上のFOIの業績は一見好調で、優良な成長企業と判断してしまいそうですが、CF計算書のデータからは、かなり苦しい資金繰りの実態が浮かび上がってきます。

　このP／L上の業績とCFのギャップが、粉飾決算を見抜く上で「何かがおかしい」と感じるべきポイントです。

粉飾決算によりＰ／Ｌはお化粧されているので、損益の数字はきれいに見せることができていますが、ＣＦにはＦＯＩの真実の姿が映し出されています。

この営業ＣＦ赤字の原因についてもう少し詳しく見てみましょう。

下の図は、2009年3月期のＦＯＩにおける営業ＣＦの内訳を図解したものです。これによれば、**ＦＯＩの営業ＣＦが赤字になっている大きな理由は、売上債権（売掛金）や棚卸資産の増加**です。

棚卸資産や売上債権は、現金→（仕入）→棚卸資産→（販売）→売上債権、というように現金支出が姿かたちを変えたものですから、こうした資産が増加するということは現金が減少することを意味します。そのため、間接法により営業ＣＦを計算する際には、**キャッシュの減少要因である棚卸資産や売上債権の増加額を利益から差し引いています**。

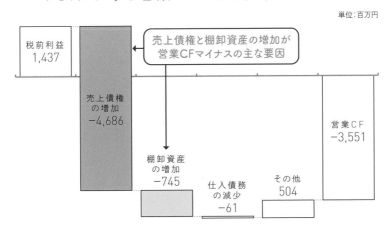

ＦＯＩにおける営業ＣＦの主な内訳（2009年3月期）

単位：百万円

税前利益 1,437

売上債権と棚卸資産の増加が営業ＣＦマイナスの主な要因

売上債権の増加 −4,686

棚卸資産の増加 −745

仕入債務の減少 −61

その他 504

営業ＣＦ −3,551

FOIにおいて売上債権が大きく増加していたのは、架空売り上げを計上する粉飾決算を行っていたためです。売り上げが架空である以上、その売上代金は決済されませんから、結果として売上債権が滞留し、積み上がっていくこととなります。

　また、**売上債権の一部を棚卸資産に付け替えたり、棚卸資産を過大計上することで売上原価を過小に見せたりすることも行われるため、粉飾決算企業では棚卸資産も過大になっているケースが多い**のです。

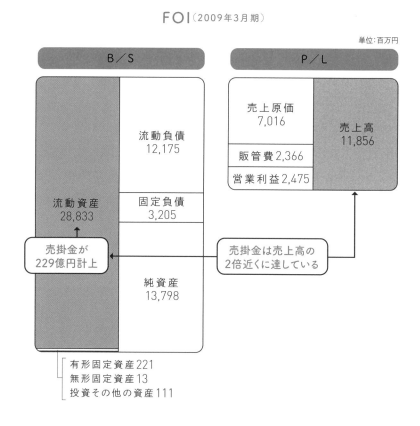

FOI（2009年3月期）

単位：百万円

B／S	
流動資産 28,833	流動負債 12,175
	固定負債 3,205
	純資産 13,798

売掛金が229億円計上

有形固定資産221
無形固定資産13
投資その他の資産111

P／L	
売上原価 7,016	売上高 11,856
販管費 2,366	
営業利益 2,475	

売掛金は売上高の2倍近くに達している

　そのため、左ページに示したFOIのB／Sもいびつなものになっています。

　B／Sの左側（資産サイド）に着目してみましょう。B／Sの左側で最大の金額となっているのは流動資産（288億3,300万円）ですが、そのうち228億9,600万円は売掛金（売上債権）で占められています。この**売掛金は、売上高（118億5,600万円）の２倍近くの金額に相当**します。

　この数字は、売掛金の回収までに２年近くかかることを意味します。当時の**半導体製造装置メーカーの売上債権の平均的水準は売上高の４カ月前後ですから、FOIの売掛金は異常な水準だと推測できます。**

　この点に関してFOIでは、下の図に示すように、新規生産ライン向けの「初号機」については「プロセス・インテグレーション期間」が必要なため、売掛金の回収には１年６カ月～２年６カ月の期間がかかると説明していました。しかし、これは「もっともらしいうそ」だったのです。

「初号機」の販売プロセスに関するFOIの説明

売上計上～売掛金回収　１年６カ月～２年６カ月

出荷・設置
（売上計上）　プロセス・インテグレーション
期間　売掛金回収

FOIではいったい何がおこっていたのか？

　では、この間のFOIにおいて実際には何が行われていたのでしょう

か。複数の役員らは「本当は、2009年3月期の売り上げは3億円しかなかった」と供述しています（2010年6月10日付日本経済新聞朝刊）。

　2009年3月期のP／L上の売上高は118億5,600万円ですから、この供述が正しいとするならば、そのうちの115億円は売り上げの水増し分であったことになります。これは、**売上高全体の97％が架空売り上げによる水増しであった**ことを意味します。

　また、同記事では、2009年3月期に実際に販売した半導体製造装置はわずか数台で、残りの三十数台（架空売り上げ計上分）は、東京都内の倉庫へ秘密裏に「納品」されていたことも明らかにされています。

　さらに、架空売り上げを計上した分の売掛金の相手先を、取引の確認がしにくい海外の実在の半導体メーカーとすることで、発覚を隠そうとした形跡もあったようです。同社の破産管財人は、「ベンチャーキャピタルに業績を説明するために、数字を偽装し始めたのではないか」と指摘しています。

Point

この事例のポイント！

　黒字倒産したモリモトのP／Lは黒字で成長企業のものでしたが、CF計算書からは本業でキャッシュが稼げていない状況が明らかになりました。

　FOIでは、粉飾決算によりP／Lはきれいに偽装されていましたが、その歪みはCF計算書やB／Sにはっきりと表れてしまっていました。

P／L上の利益に比べてCFは会計上の方針の影響を受けにくいため、CF計算書にはその会社の状況がよりはっきりと表れる傾向があります。また、事業上の異変や粉飾決算により売上債権や棚卸資産が積み上がると、その状況はB／Sにも表れます。

　そのため、会社の決算書を読み解く上では、P／Lだけではなく、CF計算書やB／Sもフル活用していくことが重要なのです。

名門アパレル・レナウンは
なぜ倒産したのか？

必ずしも「コロナ倒産」とは
言い切れない理由

▶ 2期連続の赤字は資金繰りにどう影響したのでしょうか？

レナウンの売上高、営業利益、売上高営業利益率の推移

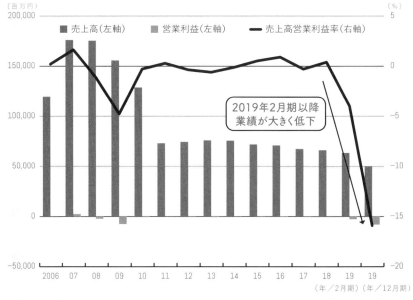

（百万円）

2019年2月期以降
業績が大きく低下

2006 07 08 09 10 11 12 13 14 15 16 17 18 19 19
（年／2月期）（年／12月期）

※ 2019年12月期は10カ月の変則決算

コロナ禍に入ってからの代表的な経営破綻事例として、アパレルメーカーであるレナウンを取り上げて見ていきましょう。

レナウンは、2004年3月に旧レナウンとダーバンが株式移転によって設立した会社であり、「アクアスキュータム」「ダーバン」「シンプルライフ」といったブランドを持つ名門アパレル企業でした。

しかしながら、業績悪化に歯止めがかからず、左ページの図に示したように、**2019年2月期、2019年12月期（10カ月の変則決算）には2期連続の営業赤字を計上しました。**

2020年5月には子会社を通じて民事再生法の適用を申請し、事業再生の道筋を探りましたが、最終的には主要ブランドの多くを売却した上で民事再生の手続きを断念し、**2020年11月には東京地裁から破産手続き開始の決定を受けることとなりました。**

レナウンが経営破綻に至った背景には、コロナ禍によるアパレル需要の減少があったといわれますが、実際のところはどうだったのでしょうか。

決算書をもとにレナウンが経営破綻した理由について探っていくことにしましょう。

倒産直前のレナウンの決算書は
どのようなものだったのか？

次ページの図は、レナウンの最後の決算期にあたる2019年12月期におけるB／SとP／Lを比例縮尺図に図解したものです。

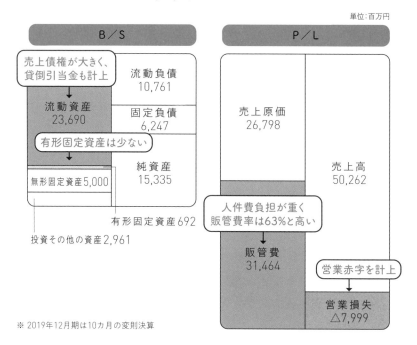

レナウン（2019年12月期）

単位：百万円

B／S

売上債権が大きく、貸倒引当金も計上

流動資産 23,690

無形固定資産 5,000

流動負債 10,761

固定負債 6,247

純資産 15,335

有形固定資産は少ない

有形固定資産 692

投資その他の資産 2,961

P／L

売上原価 26,798

売上高 50,262

人件費負担が重く販管費率は63%と高い

販管費 31,464

営業赤字を計上

営業損失 △7,999

※ 2019年12月期は10カ月の変則決算

　まずはB／Sの左側（資産サイド）から見ていきましょう。資産サイドで最大の金額を占めているのは、流動資産（236億9,000万円）です。この流動資産の内訳を見てみると、**売上債権（受取手形及び売掛金）が金額にして134億2,300万円も計上されています。**

　この売上債権に対しては、**回収不能と見積もられた金額が貸倒引当金としてマイナス58億4,000万円計上されており、そのマイナス幅は前期比で57億7,000万円大きくなっています。**この点については後ほど詳しく解説しましょう。

また、無形固定資産が50億円計上されていますが、そのほとんどは保有するブランドの商標権（49億6,300万円）です。**有形固定資産は6億9,200万円と少なく、子会社における営業所や生産設備といった小規模なものしか計上されていません。**

B/Sの右側（負債・純資産サイド）についても見ていきましょう。流動負債は107億6,100万円、固定負債は62億4,700万円計上されています。流動負債に含まれる有利子負債（借入金）は21億6,400万円、固定負債では4億2,100万円となっています。

純資産は153億3,500万円で、**自己資本比率は47％と決して低い水準ではありません。**

続いてP/Lに目を転じてみると、売上高が502億6,200万円であるのに対し、売上原価は267億9,800万円（原価率53％）、販管費は314億6,400万円（販管費率63％）です。

アパレル企業における平均的な水準と比較すると、特に販管費率が高くなっています。販管費の3分の1強を占めているのは、従業員給料（110億4,200万円）で、人件費の負担が重いことがわかります。

営業損益はマイナス79億9,900万円で、**売上高営業利益率はマイナス16％という大幅な営業赤字**となっています。

資金繰りが厳しいのになぜ財務CFはマイナスなのか？

レナウンのCF計算書も見ていきましょう。次ページの図は、CF計算書をウォーター・フォール・チャートに図解したものです。

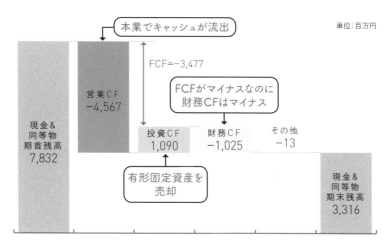

レナウンのCF計算書（2019年12月期）

単位：百万円

本業でキャッシュが流出

FCF=−3,477

FCFがマイナスなのに財務CFはマイナス

現金＆同等物期首残高 7,832

営業CF −4,567

投資CF 1,090

有形固定資産を売却

財務CF −1,025

その他 −13

現金＆同等物期末残高 3,316

※ 2019年12月期は10カ月の変則決算

　本業で稼いだ現金収支を示す**営業CFはマイナス45億6,700万円と、大きな赤字**になっています。

　有形固定資産の売却により、投資CFは10億9,000万円のプラスとなっていますが、フリー・キャッシュ・フロー（FCF＝営業CF＋投資CF）は34億7,700万円のマイナスです。FCFがマイナスであるということは、財務CFによってその穴埋めをしない限り、保有するキャッシュが目減りすることを意味します。

　つまり、**借り入れや社債の発行、増資などを通して新たに資金調達を行わなければ、キャッシュが不足する**可能性が出てくるわけです。

　しかしながら、**レナウンの財務CFは10億2,500万円のマイナス**となっており、キャッシュの残高は期首の78億3,200万円から期末の33

億1,600万円へと大きく減少しています。

　キャッシュが不足しているはずのレナウンにおいて、財務CFがマイナスになっているのはなぜでしょうか。この点については、この後説明します。

財務制限条項への抵触と売掛金滞留で 資金繰りが困難に

　あらためて、レナウンにおける売上高、営業利益、そして売上高営業利益率の推移を見てみましょう（下図）。

レナウンの売上高、営業利益、売上高営業利益率の推移

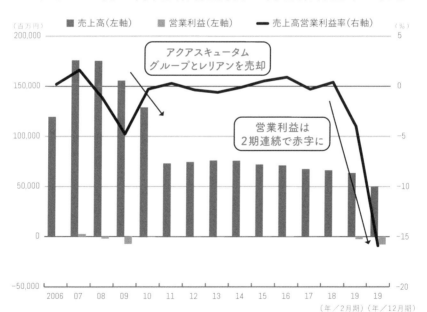

※ 2019年12月期は10カ月の変則決算

これによれば、連結子会社であったアクアスキュータムグループとレリアンを売却した後の**2011年2月期から2018年2月期までは営業赤字と黒字を行ったり来たり**しています。

　ですが、**2019年2月期と2019年12月期においては2期連続で営業赤字となりました。**特に、**2019年12月期の売上高営業利益率はマイナス16%という大幅な赤字になった**ことは先に述べたとおりです。

　加えて、図中には示していませんが、経常損益も2期連続の赤字となっていました。その結果、一部の金融機関と締結していた借入契約について財務制限条項に抵触することとなりました。

　財務制限条項とは、借入契約等を結ぶにあたって、決められた財務的な基準を下回った場合には金融機関等に対して即座に借入金の返済を行わなければならない、などと定めた条件のことです。

　レナウンでは、**財務制限条項に抵触するような状況であったために新たな借り入れを行うことが難しく、借入金を返済しなければならなかった**と推測されます。これが、キャッシュが不足している状況にもかかわらず、財務CFがマイナスとなっていた理由です。

　以上のように、FCFがマイナスであるのに加え、財務CFによる穴埋めもできなくなっており、レナウンの資金繰りは非常に厳しい状況に陥っていたといえます。

　さらに、2010年7月に行った第三者割当増資を引き受け、その後レナウンの親会社となった山東如意科技集団有限公司（以下、山東）の子会社である、恒成国際発展有限公司に対する売掛金の回収が滞ってもいま

した。

　この**売掛金滞留による貸倒引当金繰入額は、53億2,400万円に上っています**。これが、B／Sにおいて貸倒引当金が大きく増加した理由です。

　こうしたことから、レナウンの2019年12月期における有価証券報告書には「継続企業の前提に関する事項の注記」（GC注記）が記載されることとなりました。GC注記がつくということは、**今後の事業活動の継続が困難になる可能性が高く、いってみれば会社の存続に対してレッドカードが提示されている状態に近い**といえます。

　さらに、**2020年3月以降のコロナ禍により、全国の百貨店などで営業自粛の動きが広がり、レナウンはさらに厳しい状況に追い込まれることとなりました**。その結果、2020年5月に資金繰りに行き詰まり、民事再生法の適用申請に至ったのです。

営業CF赤字が目立つレナウンのCF計算書

　ここで、レナウンにおけるCFの推移をまとめたものを見てみましょう（次ページ）。これによれば、2006年2月期から2019年12月期の全15期中8期において、営業CFがマイナスとなっています。**コロナ禍の以前からレナウンの業績不振は続いていた**のです。

　こうした営業CFのマイナスを埋めるために、レナウンでは有形固定資産や投資有価証券の売却、短期借入金の増加等によって資金を調達してきました。**B／Sにほとんど有形固定資産が計上されていなかったのは、売却が可能な資産についてはすでに売却してしまったためです**。

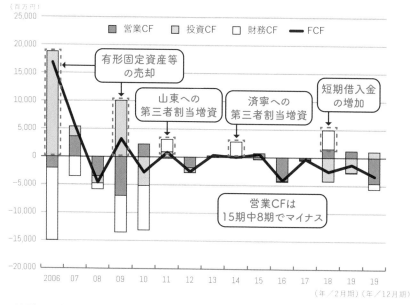

レナウンのＣＦの推移

【百万円】

営業CF　投資CF　財務CF　FCF

有形固定資産等
の売却

山東への
第三者割当増資

済寧への
第三者割当増資

短期借入金
の増加

営業CFは
15期中8期でマイナス

2006　07　08　09　10　11　12　13　14　15　16　17　18　19　19

（年／2月期）（年／12月期）

※ 2019年12月期は10カ月の変則決算

　また、2010年5月には山東との資本業務提携契約を結び、同年7月には同社への第三者割当増資を行いました。

　2011年2月期の有価証券報告書では、この提携を通じて山東の「高品質かつ廉価のアパレル原料及び製品の供給ネットワーク」や「欧州ブランド、資金力、中国における販売・物流ネットワーク等の経営資源」を活用し、早期に経営の立て直しを図ると記載されています。

　しかしながら、その後も2013年12月に山東の親会社である済寧如意投資有限公司への第三者割当増資を行うなど、資金的な援助を受けることはできたものの、レナウンの業績の悪化に歯止めをかけることはでき

ませんでした。

こうして、レナウンは経営破綻へと追い込まれていったのです。

Point

この事例のポイント！

　ここまでに見てきたように、コロナ禍による販売不振がレナウンの最終的な資金繰りを圧迫したのは事実ですが、そもそもの業績不振はレナウンとダーバンが経営統合した時点から続いていたことがわかります。

　さらにいえば、経営統合以前からレナウンの業績不振は続いており、もとをたどればバブル期以降の業績低迷から抜け出すことができなかったともいえます。

　ここでは詳しく触れませんでしたが、百貨店を中心としたビジネスモデルから脱却できず、業績低迷が長期化してしまったことが、レナウンが経営破綻した大きな理由のひとつです。

　そのような中で、業績回復の切り札として山東との資本業務提携に踏み切りましたが、それも不発に終わることとなりました。

　その後、業績がさらに悪化して借入金の早期返済を迫られるとともに、経営不振に陥った山東の子会社に対する売上債権の回収が滞留したことにより資金繰りが悪化し、経営破綻に至ったのです。

エアバッグ世界シェア
2位のタカタが
倒産した理由

名門創業家の3代目が
陥った罠とは?

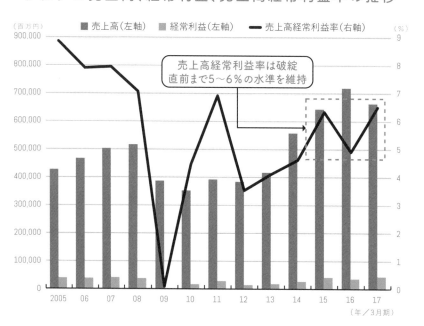

▸ 売上高、経常利益が堅調なのになぜ倒産したのでしょうか?

タカタの売上高、経常利益、売上高経常利益率の推移

（百万円）　■売上高（左軸）　■経常利益（左軸）　━売上高経常利益率（右軸）　（%）

売上高経常利益率は破綻
直前まで5～6%の水準を維持

2005　06　07　08　09　10　11　12　13　14　15　16　17
（年／3月期）

ここでは、大手自動車部品メーカーであるタカタの倒産事例を取り上げましょう。タカタは2017年6月に民事再生法の適用を申請し、製造業としては戦後最大の大型倒産となりました。

　タカタは1956年に初代社長である高田武三氏により設立された高田工場を発祥とする、シートベルトやエアバッグ、チャイルドシートといった自動車の安全部品を製造するメーカーです。2006年11月には株式を東証一部に上場し、一時はエアバッグ市場で世界2位のシェアを誇っていました。

　左ページの図は、タカタのP／Lにおける売上高、経常利益、売上高経常利益率の推移をまとめたものです。

　これによれば、2005年3月期に4,260億4,800万円だった売上高はピークの2016年3月期には7,180億300万円にまで成長しています。

　経常利益の状況も堅調で、2015年3月期以降の売上高経常利益率は倒産直前の決算期である2017年3月期まで5～6％前後で推移していました。

　一般的に、自動車部品メーカーで売上高経常利益率5～6％前後というのは、そこまで悪い数字ではありません。

　世界的なエアバッグメーカーであり、売上高や経常利益が堅調に推移していたタカタはなぜ経営破綻に至ってしまったのでしょうか。決算書のデータから解説していきましょう。

度重なる製品事故で
自己資本比率は10％を割り込む水準に

　タカタの経常利益は堅調に推移していましたが、**特別利益と特別損失、税金などを加味した当期純損益**（最終損益、2016年3月期以降は親会社株主に帰属する当期純損益）で見るとかなり様相が異なります。

　右ページの図は、タカタの当期純損益、純資産、そして自己資本比率の推移をまとめたものです。これによれば、2009年、2013年、2015〜2017年（すべて3月期）において、オレンジ色で示した当期純損益はマイナスで、最終赤字を計上しています。特に、**倒産直前の2015年3月期から2017年3月期にかけては3期連続の最終赤字**です。

　このうち、2009年3月期の最終赤字の原因は、リーマン・ショックによる自動車販売の不振と欧米におけるリストラ費用の計上です。しかし、この時その後のタカタの先行きを大きく揺るがす問題も始まっていました。**2008年11月、ホンダがタカタ製エアバッグで初のリコールを行った**のです。

　その後の**2013年3月期、そして2015年3月期から2017年3月期における最終赤字はタカタ製品の品質問題を原因とするもの**でした。2009年5月には米国でタカタ製エアバッグに関連する初の死亡事故が発生。タカタ製エアバッグの異常破裂による死者は十数人に上りました。

　こうした事故を受けて、2016年5月には米運輸当局がタカタ製エアバッグのリコールを指示。全世界での対象台数は1億台規模に拡大した

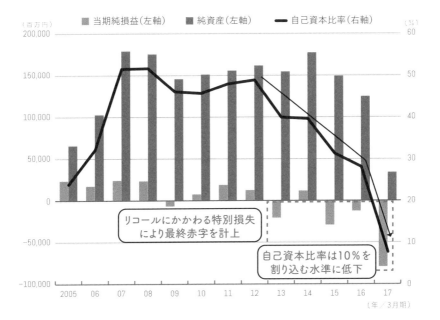

タカタの当期純損益、純資産、自己資本比率の推移

凡例: ■ 当期純損益(左軸)　■ 純資産(左軸)　━ 自己資本比率(右軸)

（百万円／左軸、%／右軸）

- リコールにかかわる特別損失により最終赤字を計上
- 自己資本比率は10%を割り込む水準に低下

横軸：2005、06、07、08、09、10、11、12、13、14、15、16、17（年／3月期）

のです（2017年6月26日付日本経済新聞夕刊）。その後、タカタは2017年1月に米国司法省に対して10億ドルの和解金を支払うことで合意することとなります。

　その結果、**2013年3月期には製品リコールに伴う299億7,500万円の製品保証引当金繰入額を計上し、最終赤字に転落しました。**2014年3月期には最終黒字を確保するものの、2015年3月期と2016年3月期には製品保証引当金繰入額、リコール関連損失、制裁金、和解金などのリコールにかかわる損失をそれぞれ特別損失として総額で579億5,900万円、440億3,400万円計上し、最終赤字となりました。

　さらに、2017年3月期には米国司法省との和解に伴う司法取引関連

損失を975億4,500万円計上し、特別損失におけるリコールにかかわる損失（司法取引関連損失、リコール関連損失、製品保証引当金繰入額、製造物責任関連和解金の合計）は総額で1,200億400万円にまで膨れ上がりました。その結果が、**2017年3月期に計上した795億8,800万円という過去最大の最終赤字**です。

　以上のような最終赤字が続いた結果、純資産は2014年3月期の1,768億8,800万円から、2017年3月期には331億4,200万円まで激減。**自己資本比率は10%を割り込む水準にまで低下してしまいました。**

　こうした状況を受けて、タカタの2017年3月期第3四半期報告書では「継続企業の前提に関する事項の注記」（GC注記）が付されることとなりました。レナウンの事例（233ページ）と同様に、**GC注記が付くということは、今後の事業活動の継続が困難になる可能性が高く、会社の存続に対してレッドカードが提示されている状態に近い**といえます。

リコール関連の支払いで営業キャッシュ・フローも激減

　タカタのCFの状況はどうなっていたのでしょうか。右ページの図は、タカタのCF計算書から、2005年3月期から2017年3月期までの営業CF、投資CF、財務CF、そして現金及び現金同等物の期末残高の推移をまとめたものです。

　これによると、**2015年3月期以降の営業CFは大きく減少しています**。特に、2016年3月期には製品保証引当金に対する支払いが、2017年3月期には司法取引関連損失に対する支払いが営業CFに大きく影響しました。**稼ぐ力が落ちてきていたのに加え、こうしたリコール関連の支払いが、大きく営業CFを落とす原因になっていた**といえます。

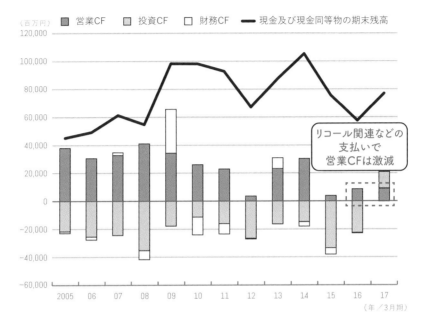

タカタのCFと現金期末残高の推移

（百万円）　■ 営業CF　■ 投資CF　□ 財務CF　━ 現金及び現金同等物の期末残高

リコール関連などの
支払いで
営業CFは激減

しかしながら、2017年3月期時点においても、営業CFはマイナスへと転落するには至っていません。また、期末の現金残高も770億8,300万円という水準を保っています。

にもかかわらず、この後3カ月足らずでタカタが経営破綻に追い込まれてしまったのはなぜでしょうか。

資金繰りの困窮と破綻の背後にあった企業風土とは？

それを読み解くためのカギは、B／Sにありました。次ページの図は、タカタの2017年3月期におけるB／SとP／Lを比例縮尺図に図解したものです。

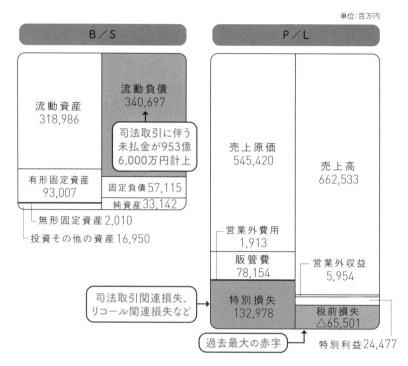

タカタ（2017年3月期）

単位：百万円

B／S

| 流動資産 318,986 | 流動負債 340,697 |

司法取引に伴う未払金が953億6,000万円計上

有形固定資産 93,007

固定負債 57,115

純資産 33,142

└ 無形固定資産 2,010

└ 投資その他の資産 16,950

P／L

売上原価 545,420

売上高 662,533

営業外費用 1,913

販管費 78,154

営業外収益 5,954

司法取引関連損失、リコール関連損失など →

特別損失 132,978

税前損失 △65,501

過去最大の赤字

特別利益 24,477

B／Sの右側（負債・純資産サイド）で最大の金額を占めているのは**流動負債**（3,406億9,700万円）です。この流動負債には、P／Lにおいて過去最大の赤字を計上する原因となった、米国司法省に対する和解金の未払い分が未払金として953億6,000万円計上されていました。**この未払金は流動負債に計上されていることから、米国司法省への和解金の支払期限は2018年3月末までに設定されていたと推測できます。**

さらに、タカタが抱えていた負債はこれにとどまりませんでした。先に述べたGC注記には、米国司法省に対する和解金の支払いに加えて、エアバッグ製品に対するリコールや訴訟などに関連して多額の費用を負

担する可能性があると記載されています。GC注記に具体的な金額は記載されていませんでしたが、**東京商工リサーチによると、民事再生法適用の申請時点でタカタの負債総額は1兆5,024億円に達していました**（2018年6月26日付日本経済新聞電子版）。

　米国司法省に対する和解金や自動車メーカーに対する多額のリコール関連費用の支払いが見込まれる中、タカタは大手銀行からの債権回収や、素材や部品を供給するサプライヤーからの代金回収に直面し、資金を流出させることとなりました（2017年7月14日付日本経済新聞朝刊）。最終的に、民事再生法の適用申請時点でのタカタ本体の現預金はわずか十数億円を残すのみだったということです（2017年7月11日付日本経済新聞朝刊）。やはり、**資金繰りの困窮が経営破綻の最終的な決め手**となりました。

　民事再生法の適用申請時点の記者会見で、タカタの3代目経営者に当たる高田重久会長兼社長（以下、高田会長）は次のように述べています。

　「なぜ、（エアバッグの）異常破裂が起きたのか非常に不可解。いまだに苦慮している」（2017年6月29日付日本経済新聞朝刊、カッコ内は筆者の補足）

　この発言を額面通り受け取るならば、高田会長は自社の品質責任を認められずにいたようにみえます。数々の製品事故を起こした状況に鑑みれば、品質管理の問題は確かに製造現場で起こっていたのでしょう。なぜ高田会長はその状況を適切に認識できなかったのでしょうか。前出の日本経済新聞の記事では、以下のふたつの原因が指摘されています。

　1つ目には、高田会長の社内における絶対的な影響力が挙げられています。有価証券報告書によれば、2017年3月期において創業家はタカ

タ株式のおよそ6割を保有していました。そのような中で、タカタの元社員は「（高田会長に対しては）役員でも反論は許されない雰囲気があった」（カッコ内は筆者の補足）とコメントしています。こうした状況では、**現場におけるネガティブな情報は高田会長に上がってこない可能性があ**ります。結果として、高田会長の認識が現場から離れてしまう原因のひとつになったのではないでしょうか。

そしてもうひとつは、**急速なグローバル化を進めたことによって、海外事業の状況が見えなくなっていた点**です。特に、**2017年3月期において連結売上高の41％を占めていた米州拠点の独立性は強く、米国子会社で行っていることを日本のタカタ本社が把握しきれなくなっていた**とも指摘されています。

おそらく、強すぎる経営トップの影響力と海外子会社の「野犬化」がエアバッグ部品の品質問題の一因になっていた可能性は高いのでしょう。しかしながら、タカタが品質問題を起こした原因はそれだけにはとどまらない可能性が高いのです。

経営破綻の後、タカタは問題となったエアバッグ部品以外の事業を、米自動車部品大手のジョイソン・セイフティ・システムズ（旧キー・セイフティ・システムズ）が設立したジョイソン・セイフティ・システムズ・ジャパンへ2018年4月に譲渡しました。ですが、その後の**2020年10月にシートベルトの品質不正問題が再び発覚**したのです。しかも、その**シートベルトを製造していたのは滋賀県彦根市にある国内工場だった**ということです（2020年10月16日付日本経済新聞朝刊）。

こうした事例も踏まえると、タカタの不正を引き起こした原因は、トップマネジメントの問題や本社による海外子会社管理における問題だ

けではなく、**体質として組織の中に深く根付いてしまったものにもある**のかもしれません。

Point

この事例のポイント！

エアバッグ世界2位のシェアを誇り、売上高や経常利益の推移は堅調だったタカタですが、度重なる製品事故の発生とそれに伴うリコール関連費用により大きな最終赤字を計上し、純資産を大きく減らすことになりました。

また、リコール関連費用の支払いにより営業CFも大きく減少しており、大きく膨らんだ和解金や自動車メーカー向けの債務に対する支払いの目処が立たず、資金繰りが困窮したことが、倒産の最終的な決め手となりました。

経営破綻の背景には、経営トップや海外子会社の問題に加え、製造現場も含めた体質的な問題があったといえそうです。

オンキョーHEが
経営破綻に至った
要因とその顛末とは?

経営改善を狙った規模の拡大が
経営破綻のきっかけに

> **オンキョーHEが経営破綻に至った道筋とは?**

オンキョーホームエンターテイメントの売上高、当期純損益、純資産の推移

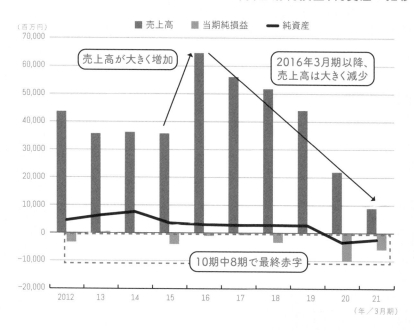

　2022年5月13日、オンキヨーホームエンターテイメント（以下、オンキヨーHE）は大阪地方裁判所に自己破産を申請し、破産手続きの開始決定を受けました。

　破産管財人の弁護士は経営破綻の理由として、「市場縮小と（事業の）規模拡大で採算が悪化した」と説明しています（2022年5月14日付日本経済新聞朝刊）。

　左ページの図に示すように、**オンキヨーHEの売上高は2016年3月期に大きく増加した後に大きく低下**。当期純損益（2016年3月期以降は親会社株主に帰属する当期純損益）も2013年3月期と2019年3月期にかろうじて黒字を確保した以外は、**10期中8期で最終赤字**でした。

　名門オーディオメーカーであるオンキヨーHEが経営破綻に至った要因とは、何だったのでしょうか。

　まずは同社のB／SとP／Lを見た上で、10期分の決算書データを使って破綻に至った道筋を読み解いていきましょう。

破綻直前のオンキヨー HE の決算書は どのようなものだったのか？

　次ページの図は、オンキヨーHEの2021年3月期におけるB／SおよびP／Lを比例縮尺図に図解したものです。2021年3月期は、オンキヨーHEの上場廃止前、最後の本決算期にあたります。

　B／Sから見ていきましょう。B／Sの左側（資産サイド）には流動資産が50億8,800万円計上されています。

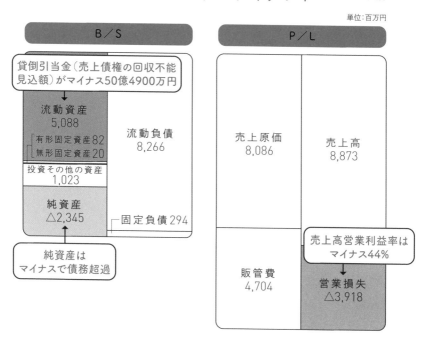

オンキヨーホームエンターテイメント（2021年3月期）

単位：百万円

B／S

貸倒引当金（売上債権の回収不能見込額）がマイナス50億4900万円

流動資産
5,088

有形固定資産82
無形固定資産20

投資その他の資産
1,023

純資産
△2,345

流動負債
8,266

固定負債294

純資産は
マイナスで債務超過

P／L

売上原価
8,086

売上高
8,873

販管費
4,704

売上高営業利益率は
マイナス44％

営業損失
△3,918

　ここには、受取手形及び売掛金（売上債権）が65億1,100万円、棚卸資産（商品及び製品、仕掛品、原材料及び貯蔵品）が19億5,500万円計上されている一方、**売上債権の回収不能見込額に相当する貸倒引当金がマイナス50億4,900万円計上されています。**現預金はわずか4億7,000万円です。

　投資その他の資産は10億2,300万円計上されていますが、そのほとんどは投資有価証券（9億1,300万円）です。

　一方、B／Sの右側（負債・純資産サイド）には、流動負債が82億6,600万円、固定負債が2億9,400万円計上されており、流動負債には短期借

入金が6億6,000万円含まれています。

　なお、**純資産はマイナス23億4,500万円で、負債が資産を上回る、いわゆる債務超過の状態となっています。**

　P／Lについては、売上高が88億7,300万円であるのに対し、売上原価は80億8,600万円（原価率91％）、販管費は47億400万円（販管費率53％）であり、39億1,800万円の営業損失を計上しています。**売上高営業利益率はマイナス44％という大幅な赤字決算**です。

2期連続の債務超過と上場廃止に至る道筋

　あらためて、冒頭にも示した業績推移を見てみましょう（次ページ）。

　先に述べたように、オンキヨーHEでは2013年3月期と2019年3月期を除くここ10期中8期で最終赤字を計上しており、業績の長期的な低迷が続いていたことが読み取れます。

　2016年3月期には、売上高が前期の2015年3月期の355億6,300万円から643億9,200万円へと大幅に増加しています。これは、2015年3月にパイオニアのホームAV事業などを買収したことによるものです。

　この買収の目的は、両社の事業を統合し、成長市場と目されていた携帯型オーディオ事業などに開発人員などの経営資源を投入することとされていました（2015年5月4日付日経産業新聞）。

　しかしながら、その後も売上高の減少には歯止めがかかりませんでした。

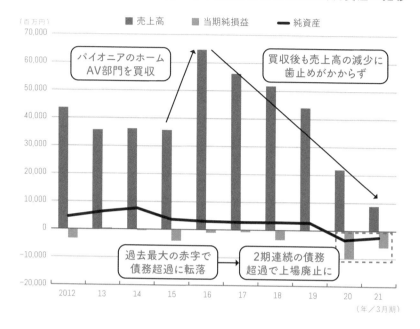

オンキヨーホームエンターテイメントの売上高、当期純損益、純資産の推移

（百万円）　■ 売上高　　■ 当期純損益　　━━ 純資産

パイオニアのホーム
AV部門を買収

買収後も売上高の減少に
歯止めがかからず

過去最大の赤字で
債務超過に転落

2期連続の債務
超過で上場廃止に

2012　13　14　15　16　17　18　19　20　21

（年／3月期）

　オンキヨーHEでは2016年3月期から2020年3月期にかけて従業員数を1,814人から1,134人に減らすなどの固定費削減策を講じたものの、売上高減少に追いつかず、赤字決算が続くこととなります。2016年3月期の第3四半期報告書からは、「継続企業の前提に関する注記」（GC注記）が記載され、企業としての存続が危ぶまれる状況となっていました（GC注記に関してはレナウンの事例〔233ページ〕も参照してください）。

　そして、2020年3月期には53億4,600万円の営業赤字を計上したことに加え、米国販売代理店の業績低迷に伴う貸倒引当金繰入額（29億3,400万円）を特別損失に計上したことなどにより、98億8,000万円という過去最大の最終赤字（親会社株主に帰属する当期純損失）となった結果、オンキヨーHEの純資産はマイナスとなり、債務超過に陥りました。

さらに、2021年3月期にも債務超過を回避できず、東証ジャスダックの上場廃止基準に抵触。2021年8月1日に上場が廃止されました。

キャッシュ・フローの視点で読み解く
オンキョー HE の経営状況

オンキョーHEの経営状況について、下に示したCF計算書のデータからも見ていきましょう。本業で稼いだ現金収支を表す営業CFは、2012年3月期から2021年3月期までの10期中8期でマイナスとなっています。

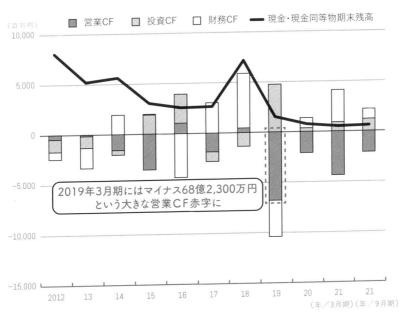

オンキョーホームエンターテイメントのCFの推移

2019年3月期にはマイナス68億2,300万円という大きな営業CF赤字に

※ 2021年9月期は中間決算の数値

CFの観点から見てもオンキヨーHEでは営業支出が営業収入を上回る状況が継続してしまっているとわかります。

　特に2019年3月期には、マイナス68億2,300万円という大きな営業CF赤字を計上しています。この営業CF赤字の要因について、CF計算書から詳しく見てみましょう。

　下の図によれば、営業CFの赤字が膨らむ要因となったのは、仕入債務の減少（45億9,200万円）です。仕入債務が減少するということは、その減少分を現金で支払っていることを意味するため、現金の減少要因となります。では、なぜここまで仕入債務が減少したのでしょうか。

　2019年3月期の有価証券報告書のGC注記によれば、オンキヨーHEには「取引先に対する営業債務の支払遅延」が2019年3月末時点で38億7,400万円存在していると記載されています。ここからは、資金繰り

オンキヨーホームエンターテイメントにおける
営業CF赤字の要因（2019年3月期）

単位：百万円

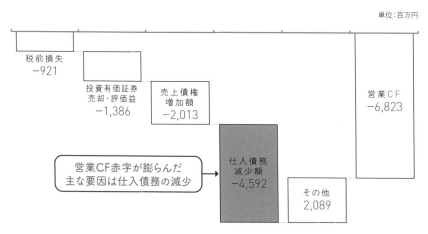

税前損失
−921

投資有価証券
売却・評価益
−1,386

売上債権
増加額
−2,013

営業CF赤字が膨らんだ
主な要因は仕入債務の減少

仕入債務
減少額
−4,592

その他
2,089

営業CF
−6,823

が厳しくなった結果、取引先に対する支払いの遅れが発生している状況がうかがえます。

こうした状況に対し、オンキヨーHEではさまざまな財務基盤強化策を実施し、それを取引先に説明したところ「概ね良好な反応」を得られたとしていました。しかし、営業CFにおける仕入債務の減少額が大きいことからすれば、実際にはオンキヨーHEは取引先からの信用を相当失ってしまっており、厳しい取引条件を突きつけられている状況だったと推測されます。

このような状況に陥ると、製品の生産に必要な部品や原材料などの在庫を仕入れることもままならなくなります。 実際、2020年3月期の有価証券報告書では、AV事業に関して「営業債務の支払い遅延が継続したことで、一部取引先から取引条件の見直しを要請されており、生産を縮小・停止」せざるを得ない状況に陥ったと記載されています。

以上のように、オンキヨーHEでは仕入れの取引条件の悪化によって、**部品や原材料を仕入れて製品を生産・販売するという正常な営業サイクルを回すのが難しくなっていった**と推察されます。

上場廃止後にオンキヨー HE の資金繰りが行き詰まった理由

ここまでに解説してきたように、オンキヨーHEでは本業においてキャッシュを稼ぐことができず、慢性的な営業CF赤字が継続する状況にありました。そのため、オンキヨーHEでは**有形固定資産や投資有価証券の売却を行う**ことで、**キャッシュ不足に対応**してきました。

例えば、2019年3月期においては有形固定資産の売却により6億8,000万円、投資有価証券の売却により26億7,800万円、欧州子会社の事業譲渡により14億8,800万円の現金収入を得ています。

　また、それにあわせて**増資による資金調達も行っていました**。これは、一般的な公募増資や第三者割当増資ではなく、行使価額修正条項付新株予約権（通称、MSワラント）や行使価額修正条項付新株予約権付社債（通称、MSCB）などによる資金調達でした。

　これらの資金調達は、新株予約権の行使価額が株価の変動にあわせて調整される点にその特徴があります。例えば、オンキヨーHEが2019年3月1日に決議した第5回新株予約権の場合、取引日前日の株価（終値）の90％に行使価額を修正するとされていました。このような条項をつけることで、新株予約権の投資家は10％の利ざやを確保できるという仕組みになっています。ただし、**こうした資金調達は、1株あたり利益を希薄化させ、株価を引き下げる圧力となりました**。

　また、オンキヨーHEでは2021年3月期における2期連続の債務超過を避けるために、増資による資金調達に加えて、2020年6月と2021年3月にデット・エクイティ・スワップ（債務の株式化）も実施しました。しかしながら、最終的には債務超過を回避することができず、上場廃止となったのはすでに解説したとおりです。

　上場廃止が決まり、株式市場からの資金調達ができなくなった中で、オンキヨーHEが模索したのはホームAV事業の売却でした。2021年5月には米VOXXとシャープにホームAV事業を譲渡する契約締結を取締役会で決議。同年6月の定時株主総会で売却が決まりました。

しかし、7月1日に予定されていた売却完了が9月にずれ込んだことで、その間の固定費負担が吸収できず、最終的にはこの事業譲渡によっても債務を完済することができませんでした。その後、残された事業を売却するなど資金確保に奔走したものの、2022年3月18日には、同2月から事業活動を停止していたふたつの連結子会社（オンキヨーサウンド、オンキヨーマーケティング）が大阪地裁に自己破産を申請。最終的には、**オンキヨーHEも資金繰りが困窮し自己破産の申請へと至ることとなった**のです。

Point

この事例のポイント！

オンキヨーHEの経営破綻は、オーディオ市場の縮小に対応しきれなかったことにその要因がありました。とりわけ、パイオニアのホームAV事業などを買収した後の急激な売上高の低下と、それにあわせて固定費を圧縮することができなかったことが、オンキヨーHEの経営状況を厳しいものにしてしまったといえます。

その後、オンキヨーHEでは事業の売却を行うとともに、増資やデッド・エクイティ・スワップを実施して2期連続の債務超過を回避しようとしましたが、最終的にはそれにも失敗。その後資金繰りに困窮し、自己破産へと至ってしまったのです。

Section

5

グレイステクノロジーの粉飾はなぜ見抜くのが難しかったのか？

巧妙な粉飾決算を読み解く上で
回転期間分析は武器になる

> **巧妙に隠された粉飾を見抜くことはできるのか？**

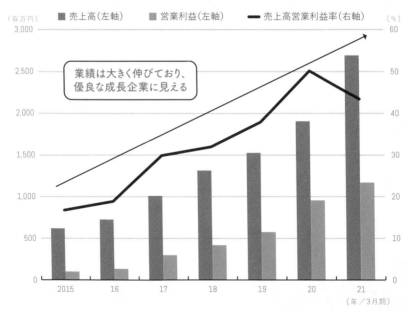

グレイステクノロジーの売上高、営業利益、売上高営業利益率の推移

業績は大きく伸びており、
優良な成長企業に見える

※ 2020年3月期までは個別決算、2021年3月期は連結決算の数値

粉飾決算の発覚がもとで、2022年2月28日に上場廃止が決まったグレイステクノロジー。同社は、メーカーなどを顧客としたマニュアルの企画・制作事業や、マニュアルをデジタル化して制作の工数削減を実現するシステムの導入・運営事業を主な事業とし、2016年12月には東証マザーズに、2018年8月には東証一部への上場を果たしました。

　左ページの図に示すように、上場直前の決算期である2015年3月期においては、売上高が6億2,000万円、営業利益が1億400万円、売上高営業利益率が17%だったのに対し、2021年3月期では売上高が26億9,100万円、営業利益が11億6,500万円、売上高営業利益率が43%となっています（グレイステクノロジーでは2020年3月期まで個別決算しか作成していませんでしたので、2021年3月期のみ連結決算の数値を使用しています）。

　ここからは、売上高、営業利益がともに大きく成長し、利益率も大きく向上している様子がうかがえます。**P／L上のデータから読み取れるグレイステクノロジーの業績は順調そのもので、成長性の高い優良企業のように見えます。**

　一時は成長企業として将来を有望視されていたグレイステクノロジーでしたが、2021年11月に外部機関から過年度決算において不適切な会計処理が行われた疑いがあるとの指摘を受けたと発表し、その後2022年3月期第2四半期報告書を提出することができず、上場廃止が決まりました。

　粉飾を行う企業の目的は自社の業績をよく見せることなので、P／Lにおける見かけ上の成長性や収益性が高いことはある意味当然といえます。そのため、P／L以外の決算書から粉飾の兆候を探らなければなりません。

グレイステクノロジーが2022年1月27日に公表した粉飾決算に関する特別調査委員会の調査報告書によれば、2021年4月に死去した元会長などがかなり巧妙な粉飾決算を主導していたことが明らかになっていますが、決算書にはこうした粉飾の兆候が表れていたのでしょうか。

　ここでは、開示された決算書のデータから、巧妙に仕組まれた粉飾決算について解説していきます。

グレイステクノロジーのB／SとP／L

　まずは、グレイステクノロジーのB／SとP／Lを見ていきましょう。右ページの図は、粉飾決算が明るみに出る直前の決算期である2021年3月期のグレイステクノロジーにおける連結のB／SとP／Lを比例縮尺図に落とし込んだものです。

　まずはB／Sから説明します。B／Sの左側（資産サイド）で最も大きな金額が計上されているのは流動資産（52億1,600万円）です。この**流動資産の内訳を見てみると、現預金が41億8,800万円を占めている**ことがわかります。

　B／Sの右側（負債・純資産サイド）には流動負債が16億5,200万円、固定負債が15億1,000万円計上されており、それぞれに有利子負債（借入金）が9億2,600万円、14億6,700万円含まれています。純資産は32億400万円で、自己資本比率は50％となっています。

　また、P／Lを見てみると、売上高が26億9,100万円であるのに対し、売上原価は6億6,100万円（原価率25％）、販管費は8億6,500万円

グレイステクノロジー（2021年3月期）

単位：百万円

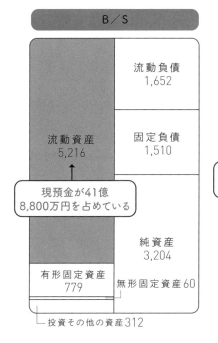

B／S

流動資産 5,216	流動負債 1,652
	固定負債 1,510
	純資産 3,204
有形固定資産 779	無形固定資産60

現預金が41億8,800万円を占めている

投資その他の資産312

P／L

売上原価 661	売上高 2,691
販管費 865	
営業利益 1,165	

売上高営業利益率は43%と非常に高い

（販管費率32%）となっています。営業利益は11億6,500万円で、**売上高営業利益率は43%と非常に高い水準**です。

　B／SとP／Lを見る限り、グレイステクノロジーは極めて高い収益性を誇り、キャッシュリッチ（現預金が潤沢）な優良企業とみなすことができます。

CF計算書から粉飾の兆候を読み取れるか？

　FOIの事例（218～224ページ）でも触れたように、**粉飾決算を見抜く上**

で有力な情報源となるのが、CF計算書です。

多くの粉飾決算の事例では架空の売上高が計上されていますが、このような架空売上高の計上によってP／L上の売上高や利益をお化粧できたとしても、その取引からキャッシュは生み出されません。

そのため、**粉飾決算を行っている企業では、P／L上の利益が黒字になっていても、本業における現金収支を表す営業CFはマイナスが慢性的に続いている、というケースがよく見られる**のです。

しかも、**監査法人は会計監査を行うにあたり、必ず金融機関に預金残高を直接確認し、正確なデータを入手しています。**したがって、現預金残高を改ざんするような粉飾を行ったとしても、すぐに監査法人に発見されてしまいます。そのため、一般的に「損益に比べてキャッシュ・フロー（CF）は粉飾しにくい」といわれています。

右ページの図は、グレイステクノロジーのCFの推移をまとめたものです（2021年3月期のみ連結決算の数値）。

これによると、2015年3月期から2021年3月期決算において、グレイステクノロジーの営業CFは一貫してプラスで推移しています。これを額面どおり受け取れば、グレイステクノロジーは本業においてキャッシュを生み出しているということになります。

じつはグレイステクノロジーでは、**役員に付与されたストックオプション**（自社株を一定の価格で取得する権利）**を行使して取得した株式を市場で売却し、それで得た私的な資金を、取引先から入金された売上代金に見せかけて偽装入金する**という手口の粉飾が行われていました。**営業**

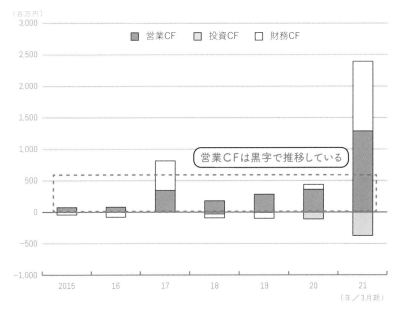

グレイステクノロジーのCFの推移

（百万円）

営業CF　投資CF　財務CF

営業CFは黒字で推移している

2015　16　17　18　19　20　21
（年／3月期）

※ 2020年3月期までは個別決算、2021年3月期は連結決算の数値

CFがプラスになるような偽装が行われていたわけです。そのため、グレイステクノロジーのCFのデータからは、粉飾の兆候を読み取ることが難しくなっています。

売上債権回転期間の長期化が意味することとは？

　粉飾決算を見抜く上で有用な手法として、回転期間指標を用いた分析があります。

　回転期間指標とは、B／Sに計上された**売上債権**（受取手形や売掛金）、**在庫**（棚卸資産）、**仕入債務**（支払手形や買掛金）が売上高の何日分に相当

するのかを見る指標です。言い換えれば、売上債権回転期間は売上債権が現金として回収されるまでの期間、棚卸資産回転期間は在庫を仕入れてから販売するまでの期間、仕入債務回転期間は在庫を仕入れてから仕入れ代金を支払うまでの期間の目安となります。

　架空売上の計上や売上計上の前倒しといった粉飾が行われた場合、売上代金の未入金や入金の遅れなどが発生するために、**売上債権回転期間が不自然に長期化する**といった形で粉飾の兆候が表れることがあります。そのため、**回転期間分析は粉飾を見抜く上で強力なツールになる**のです。

　右ページの図は、グレイステクノロジーの売上債権回転期間、棚卸資産回転期間、仕入債務回転期間をまとめたものです（グラフを見やすくするために、仕入債務回転期間をマイナス側に表示していますが、実際に計算された数値はプラスです）。

　これによると、グレイステクノロジーの**売上債権回転期間は、2015年3月期には68日であったのに対し、2020年3月期には161日へと長期化しています**。サービス業における売上債権回転期間は一般的に60～80日程度であることから、**グレイステクノロジーの2020年3月期の売上債権回転期間は異常に長くなっている**といえます。グレイステクノロジーでは、売り上げの前倒し計上や架空売上の計上が行われていました。そのため売上入金の遅れが発生し、売上債権回転期間が長期化しています。ここには、粉飾の兆候が表れていたと見ることができます。

　しかしながら、2021年3月期（連結）の売上債権回転期間は84日にまで短縮しています。これを好意的に解釈すれば、何らかの理由で売上代金の入金が遅れていたものの、2021年3月期にはその入金が行われた

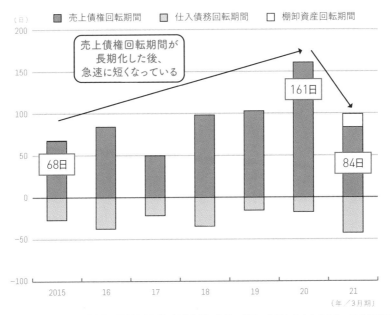

グレイステクノロジーの回転期間指標の推移

(日) ■ 売上債権回転期間 ■ 仕入債務回転期間 □ 棚卸資産回転期間

売上債権回転期間が
長期化した後、
急速に短くなっている

161日

68日

84日

2015 16 17 18 19 20 21
(年／3月期)

※ 2020年3月期までは個別決算、2021年3月期は連結決算の数値。グラフを見やすくするため、仕入債務回転期間はマイナス側に表示している

と見ることもできそうです。

　しかし、この売上債権回転期間の短縮も粉飾によるものだったのです。

グレイステクノロジーの粉飾は
どのようなものだったのか?

　特別調査委員会の調査報告書によれば、グレイステクノロジーの売上高と利益を水増しする粉飾の主な手口は、「売上の前倒し計上」と「架空売上の計上」のふたつでした。

一般に、こうした手口による単純な粉飾の場合、売上代金の未入金や入金の遅れが原因となり、営業CFの慢性的なマイナスや売上債権回転期間などの長期化が見られるので、粉飾の兆候を見抜くことが可能となります。

　一方で、**こうした営業CFのマイナスをごまかすために、本来であれば財務CFに計上すべき現金収入を営業CFに計上する、あるいは投資CFにおける現金支出をそのまま営業CFの現金収入として還流させるといった手口がとられることもあります。**こうした手口による粉飾の実態を把握するためには、会社の内部から投資が実在しているかどうかといったことなどを調査することが必要となるため、外部から粉飾の存在を見抜くことが難しくなります。

　ましてやグレイステクノロジーの場合には、先に述べたように、役員のストックオプション行使によって得られた私的資金を取引先からの売上代金に見せかけて偽装入金するという巧妙な手口が使われていましたので、外部から粉飾決算が行われていたかどうかを断定することは難しい事例です。

　しかしながら、**2020年3月期まで売上債権回転期間が長期化していることに気づくことができれば、何らかの理由で売上代金の入金が遅れていると推測することができます。**

　こうしたことからも、粉飾決算の存在を疑う上で、回転期間分析が有効なツールであることがわかります。

Point

この事例のポイント!

　ここで取り上げたグレイステクノロジーでは、決算書の外（簿外と呼びます）にある私的資金を使って売上代金の仮装入金が行われていました。そのため営業CFを見ても、粉飾決算が行われているのかどうかを推測するのが難しい事例だったといえます。粉飾を行う経営者は、基本的にバレないようにしたいと考えますから、粉飾決算を外部から見抜くのは簡単なことではありません。

　しかしながら、回転期間分析を行うことによって、2020年3月期にかけて売上債権の回収が長期化していたことがわかります。このような場合、少なくとも「なぜ売上債権の回収が遅れているのか?」という点に注意して、その会社のビジネスの実態を見極める必要があるでしょう。

おわりに

　本書の狙いは、決算書をビジネスモデルと結びつけて読み解く力を読者の皆さんに身につけてもらうことにありました。

　ビジネスにおいて、決算書を読むことの重要性はますます増してきています。私が経営コンサルタントとしてのキャリアをスタートさせた約25年前の状況と比較しても、経営者層や経営企画などのスタッフ部門における会計やファイナンスの数字の活用度は飛躍的に上がったと感じています。

　しかしながら、現場で働くビジネスパーソンの理解度はどうか、というとまだまだ会計の数字に対する苦手意識が根強く残っているのではないでしょうか。自社や自部門の売上高や利益に関係するP／Lはある程度読めるとしても、B／SやCF計算書にはなじみがなく、敬遠している人が多く見られます。

　マネジメント層は、会計やファイナンスの数字を使いながら会社が抱える問題を分析するとともに、様々な戦略を検討しています。そうして立案された施策が現場に落とし込まれるわけです。

　そこで、現場における会計やファイナンスに対する理解度が低いと、どのようなことが起こるでしょうか。それぞれの施策がどのような効果を期待されているのか、その真意に対する理解が不足するため、現場において施策が十分な効果を上げることができない、といったことがしばしば発生します。

　そのため、マネジメント層は自分たちが理解している会計やファイナンスに対する知識を現場にも求める傾向が出てきます。ですから、決算書を読めないとまずい、と感じるビジネスパーソンが増えてきているのです。

　以上のようなことが、決算書の読み解き方や、会計の数字から会社の抱える課題を分析する方法を学びたいというニーズが高まっている理由だと考えています。

　また、私は大学で教鞭をとっていますが、講義を履修している学生から「就活先の実際の経営状態を知りたいのですが、どのように分析したら良いですか？」という質問をよく受けます。こうした就活を行っている学生の方にとっても、決算書の読み解き方を身につけることはとても有益です。もちろん、転職を考えているビジネスパーソンにとっても必須のスキルだといえるでしょう。

　なぜなら、決算書の数字から、その会社の経営状態や戦略、課題をはっきりと浮き彫りにすることができるからです。会社説明会では、その会社の「良いところ、見せたいところ」を中心に説明されることが多いでしょうが、決算書にはその会社ができれば「隠しておきたい」と思っている部分もしっかりと表れていることが多いのです。

　しかしながら、決算書の数字だけを見ていても、決算書を読むことができるようにはなりません。「はじめに」でも申し上げたように、決算書とビジネスはそれぞれが単独で存在しているのではなく、相互に関係しあっています。ですから、決算書の内容に対する理解を深めるためには、ビジネスそのものに対する理解が欠かせないのです。

そこで本書では、私が決算書を読んでいる際に、数字のどのあたりに着目しているのか、そしてその会社のビジネスとどのように結びつけながら決算書を読んでいるのかがわかるように工夫しながら執筆しました。

　一人でも多くの読者の方にとって、本書が「決算書×ビジネスモデル」の視点を身につけるための一助となったなら、筆者としてこれに勝る喜びはありません。

　本書を世に送り出すにあたっては、本当に多くの方からのご助力をいただきました。Twitterで私のアカウントをフォローしてくださっている方々からは、どのような会社の決算書をケースとして取り上げれば学びを最大化できるのか、関心を集めている会社はどこなのか、といった点について大きなヒントをいただきました。フォロワーの皆さまに対し、心より御礼申し上げます。

　大学外におけるコンサルティングプロジェクトや社外取締役としての仕事は、ビジネスの現場において会計の数字がどう活用されているのか、といった点でリアルな知見を与えてくれました。こうした仕事でご一緒いただいている皆さまに心からの感謝の意を表します。

　また、大学における講義やゼミにおける受講生とのやり取りも、本書を執筆する上で大きな手助けとなりました。深く感謝いたします。

　本書の企画、内容に対して賛同し、出版の機会をくださった東洋経済新報社の皆さま、とりわけ編集者として本書の構成、執筆、デザインなどに至るまでサポートしてくださった岡田光司氏、近藤彩斗氏に深謝致します。

　そして、紙幅の関係上お名前を記すことは叶いませんでしたが、本書の完成までにご助力くださったすべての方々に、心より感謝申し上げます。

　最後に、本書の執筆にあたって筆者を常に励まし、サポートをし続けてくれた家族へ。いつも本当にありがとう。

　2023年3月

矢部　謙介

【著者紹介】
矢部謙介（やべ　けんすけ）
中京大学国際学部・同大学大学院経営学研究科教授・同大学執行役員学長補佐（教育・グローバル化担当）。専門は経営分析・経営財務。1972年生まれ。慶應義塾大学理工学部卒業、同大学大学院経営管理研究科でMBAを、一橋大学大学院商学研究科で博士（商学）を取得。三和総合研究所（現三菱UFJリサーチ＆コンサルティング）および外資系経営コンサルティングファームのローランド・ベルガーにおいて、大手企業や中小企業を対象に、経営戦略構築、リストラクチャリング、事業部業績評価システムの導入や新規事業の立ち上げ支援といった経営コンサルティング活動に従事する。その後、現職の傍らマックスバリュ東海株式会社社外取締役なども務める。
著書に『決算書の比較図鑑』『武器としての会計思考力』『武器としての会計ファイナンス』『粉飾＆黒字倒産を読む』（以上、日本実業出版社）、『日本における企業再編の価値向上効果』『成功しているファミリービジネスは何をどう変えているのか？（共著）』（以上、同文舘出版）などがある。

決算書×ビジネスモデル大全
会社の数字から儲かる仕組みまでいっきにわかる

2023年6月6日　第1刷発行
2023年7月25日　第3刷発行

著　　者——矢部謙介
発行者——田北浩章
発行所——東洋経済新報社
　　　　　〒103-8345　東京都中央区日本橋本石町1-2-1
　　　　　電話＝東洋経済コールセンター　03(6386)1040
　　　　　https://toyokeizai.net/

装　丁……………小口翔平＋畑中茜（tobufune）
本文レイアウト……高橋明香（おかっぱ製作所）
ＤＴＰ……………アイランドコレクション
印　刷……………図書印刷
編集担当……………近藤彩斗
©2023 Yabe Kensuke　　Printed in Japan　　ISBN 978-4-492-60232-4